PORSCHE
梦想之车
保时捷经典名车鉴赏

传奇车型

梦想之车
保时捷经典名车鉴赏

PORSCHE
THE LEGENDARY MODELS

【意】安德烈亚·帕佩利（Andrea Papelli）文
【意】马可·德·费班尼斯·曼菲托（Marco De Fabianis Manferto）图
卡亚梦 译

本书拥有区别于传统画册的精致，以独特的设计工艺收纳了一本配有珍贵插图的历史故事集和一本带四折页的经典车型品鉴册，旨在重现保时捷发展史中的辉煌时刻。从认识创始人费迪南德·保时捷到回顾保时捷的赛场成就，再到介绍那些奠定保时捷领先地位的40款经典车型：涵盖了从第一款356车型到991系列的911车型，每个车型都配有马可·德·费班尼斯·曼菲托创作的高精度3D图片，以及安德烈亚·帕佩利精心整理的详细技术参数表，用心程度可想而知。

Porsche: The Legendary Models / by Andrea Papelli and Marco De Fabianis Manferto /ISBN 978-88-544-1177-7
Copyright©2017 White Star s.r.l.
Piazzale Luigi Cadorna, 6
20123 Milan, Italy
www.Whitestar.it
WS White Star Publisher® is a registered trademark property of White Star s.r.l.

All rights reserved. No part of this publication may be reproduced, stored in a retrieval system or transmitted in any form or by any means, electronic, mechanical, photocopying, recording or otherwise, without written permission from the publisher.

This title is published in China by China Machine Press with license from White Star. This edition is authorized for sale in China only, excluding Hong Kong SAR, Macao SAR and Taiwan, Unauthorized export of this edition is a violation of the Copyright Act. Violation of this Law is subject to Civil and Criminal Penalties.

本书由White Star 授权机械工业出版社在中国境内地区（不包括香港、澳门特别行政区及台湾地区）出版与发行。未经许可之出口，视为违反著作权法，将受法律之制裁。
北京市版权局著作权合同登记 图字：01-2017-9164号。

图书在版编目（CIP）数据

梦想之车：保时捷经典名车鉴赏/（意）安德烈亚·帕佩利（Andrea Papelli）文；卞亚梦译．—北京：机械工业出版社，2019.6
（世界经典名车译丛）
书名原文：Porsche：The Legendary Models
ISBN 978-7-111-62734-0

Ⅰ.①梦… Ⅱ.①安…②卞… Ⅲ.①汽车—德国—图集 Ⅳ.① U469-64

中国版本图书馆 CIP 数据核字 (2019) 第 091442 号

机械工业出版社(北京市百万庄大街22号 邮政编码100037)
策划编辑：李 军　责任编辑：李 军
责任校对：潘 蕊　佟瑞鑫
责任印制：孙 炜
北京华联印刷有限公司印刷
2019年10月第1版第1次印刷
235mm×296mm·12.75印张·2插页·464千字
0001—3000册
标准书号：ISBN 978-7-111-62734-0
定价：199.00元

电话服务　　　　　　　　　网络服务
客服电话：010-88361066　　机 工 官 网：www.cmpbook.com
　　　　　010-88379833　　机 工 官 博：weibo.com/cmp1952
　　　　　010-68326294　　金 书 网：www.golden-book.com
封底无防伪标均为盗版　机工教育服务网：www.cmpedu.com

Contents 目录

前言		1992 保时捷 911-964 RS	85
译者序	8	1993 保时捷 911-964 Jubileum	89
1948 保时捷 356 Pre A	9	1995 保时捷 911-993 Carrera 4S	93
1953 保时捷 550 Spyder	13	1995 保时捷 911-993 GT2	97
1956 保时捷 356A 1600 Super Speedster	17	1996 保时捷 911-993 GT1	101
1957 保时捷 718	21	1997 保时捷 Boxster	105
1961 保时捷 356 Carrera 2	25	1999 保时捷 911-996 Turbo	109
1963 保时捷 911	29	2001 保时捷 911-996 GT2	113
1965 保时捷 911 Targa	33	2003 保时捷 Cayenne S	117
1969 保时捷 917 K	37	2003 保时捷 Carrera GT	121
1970 保时捷 914	41	2004 保时捷 911-997 Carrera	125
1972 保时捷 911 Carrera RS 2.7	45	2004 保时捷 911-996 GT3 RS	129
1974 保时捷 911 Turbo	49	2007 保时捷 911-997 GT2	133
1978 保时捷 911 SC	53	2009 保时捷 Panamera	137
1980 保时捷 928 S	57	2011 保时捷 911-997 GT3 RS 4.0	141
1982 保时捷 956	61	2011 保时捷 Cayman R	145
1983 保时捷 959	65	2013 保时捷 911-991 Turbo	149
1985 保时捷 944 Turbo	69	2013 保时捷 918 Spyder	153
1987 保时捷 911 Speedster	73	2016 保时捷 718 Cayman	157
1989 保时捷 911-964 Carrera 4	77	2016 保时捷 911-991 R	161
1992 保时捷 968	81	2016 保时捷 718 Boxster	165

前言

40款经典车型 一个传奇故事

史上最经典的保时捷车型有哪些？角逐者当然不少，但我们向你保证，接下来看到的车型都是经过慎重考虑才甄选出来的，当然其中也会存在一点点妥协。如果有些车型（这些车型均以各自方式在保时捷发展史上扮演重要角色）没有被刊登，最忠诚的保时捷粉丝可能不会原谅我。相对来说，保时捷的品牌历史不算太长，却缔造了诸多"珍品"，每个"珍品"都值得我们用心铭记。记住它们的魅力，甚至记住它们的缺点（尽管或许是微不足道的缺点）。当然，"魔力40款经典"的鉴赏介绍怎能不搭配细致精准、令人着迷的汽车画面呢？附上美图才能完美呈现汽车史上一部分最重要、最漂亮的车型。

首先要说明的是（当然很多读者火眼金睛，第一眼就会发现端倪），这些图片并非实车照片，而是借用电脑技术合成的图片，即便微小的细节都做得非常精准。了解和欣赏过356车型的特征后，往往难以忘怀这款车，而时不时重温一下也成为人生乐趣之一。无论何时，当你想看这款车时，就直接看本书中的对应图片。对于标志性的911车型，它们外观不同、动力不同、隶属定位也会不同，正是这些车型奠定了保时捷的传奇地位。当然还有RS、GT3和GT2、Targa等车型，这些车型不仅动力强劲且车重都较轻。另外，还有多款赛车和变速驱动桥式车型：前置发动机、后置变速器，如924、944、968和928。这些车型在本质上都是纯正的保时捷，尽管它们或许并不被保时捷传统车型的铁杆粉丝所接受。也别忘了911 Turbo，这款车的最大特色便是从勒芒24小时耐力赛赛车上移植而来的涡轮增压技术，在量产公路跑车上发扬光大。

另一重点就是９１１ Cabrio敞篷车型（如靓丽的Speedster），因为驾驶敞篷跑车的乐趣远远大于驾驶硬顶跑车。此外，我们还应记住保时捷也是SUV的代名词之一，因为保时捷有卡宴和Macan两大SUV车型，这两个销量主力车型并非保时捷的精髓体现，却在危难时刻明显改善了保时捷的经营状况。当然，Boxster和Cayman车型也不得不说，它们的存在甚至是对王者911的挑战。

70多年前，费迪南德·保时捷的天才之举创造出一个奇妙世界：一辆装有风冷发动机、油耗较低且经过第二次世界大战检验的小轿车——甲壳虫。而所有保时捷车型，从处女作356开始，都是从这个甲壳虫的设计概念中衍生而来。甲壳虫是伟大的源泉：在第二次世界大战期间为打造机动化德国而生，战争结束后，这款车已在全世界范围内取得了巨大成功。当然，不可否认的是，如果费迪南德·保时捷对赛车没有发自内心的饱满热情，那这一切都不会发生。正是这颗"富有赛车激情的种子"随着时间的推移成长为富有"跑车精神"的大树。如今，保时捷的雇员数以万计，但最重要的是，保时捷令人富有激情和梦想。因为从一开始，每一辆保时捷都有其存在的意义，无论其打造成本几何。这也使所有（几乎所有）保时捷古董车型在收藏市场中具有很高的挂牌价格，无论是在私人销售渠道，还是奢侈品拍卖都是如此。时至今日，你仍能发现很多保时捷古董车活跃在世界各地的赛道上，其中还不乏冠军得主！

译者序

欢迎各位车迷读者跟我一起走入保时捷的世界。

2018年恰逢保时捷创立70周年，在这个令无数车迷欢呼雀跃的年份，很荣幸可以参与到这本书的翻译工作中。最早结识这匹斯图加特的跃马，还要追溯到初中那会儿在香港汽车杂志上初见的"波尔舍"，964系列911 Turbo的圆形前照灯、后置发动机布局、大型尾翼以及逾300马力的震撼数字（那会儿大多数跑车的动力输出在200~300马力）令膜拜之情骤然而生，没隔几年，在双座Roadster敞篷跑车掀起的时尚浪潮中，第一代Boxster又让我领悟到何为"让青春永驻"的跑车。时至今日，因为迷上了Carrera GT浑厚澎湃的V10咆哮之音，它也被收录在某日功成名就后必收入囊中的梦想之车名单。

在翻译本书期间，我特别前往位于斯图加特的保时捷博物馆参观和"取证"，让本书的译文也尽可能结合亲身感受，希望给各位带来真切而有趣的阅读体验。当感受70年间跑车史上的璀璨明珠跃然纸上，这或许也是作为车迷的幸福吧！

保时捷 550 Spyder 1953

沃尔特·格洛克是一名德国1500毫升组别赛事的业余赛车手,若不是因为他,保时捷家族中或许永远不会有550 Spyder这款车。也正是源于他,这款不折不扣的传奇双座跑车在法兰克福的一个大众汽车修理厂诞生,这一年是1950年。这辆原型车配备了一台后中置1100毫升发动机,用以改善前后重量分布。而这一偶然的想法被付诸实施后,取得了巨大成功:该车于1950年、1951年、1952年赢得了德国跑车锦标赛1500毫升组别的三连冠。然而并未就此止步,

1953年这款轻盈的跑车又被换上了带有4个顶置凸轮轴的新发动机,并采用全铝车身,以此进一步减轻重量。不久后,该车在汉斯·赫尔曼和赫伯特·林格的驾驶下,赢得了1954年Mille Miglia一千英里拉力赛的跑车组别冠军。这款娇巧的550 Spyder 跑车甚至被冠以"巨人杀手"的绰号:尽管发动机动力不是特别强劲,但整车重量很轻(只有667千克),所以能打败动力比它强很多的跑车。1956年,该款车搭载了一台更强劲可靠的135马力发动机、新款5档变速器和114升

大众甲壳虫车型的诞生为保时捷的创立带来了真正灵感。费利·保时捷先生很快就意识到他所设计的这款结实的小车拥有巨大潜力。在第二次世界大战期间,费利·保时捷为躲避盟军对斯图加特的空袭轰炸而转移到了格明德小城,在这里,他打造了356这款传奇车型。该车采用钢铁架构(费利·保时捷亲手制作),其中置发动机和悬架系统都源自甲壳虫。该车的全铝车身由厄尔文·科曼达所设计,采用全手工打造,从其造型来看,该车身多处应用了空气动力学原理。

实际上,356/1(编号)在卡其贝格高山公路上进行的首次测试中就凭借40马力的动力跑出了148千米/时的最高车速。第二年,对该车的悬架进行了调整,发动机被置于后轴之后的356/2(新编号)于1949年正式亮相日内瓦车展,并取得了巨大成功。该车的前风窗玻璃是由一条位于中间的垂直橡胶条将两块玻璃连接而成,这一特点也使356 Pre A系列车型(即应用全铝车身的车型,356/1与356/2)和之后的保时捷跑车存在明显区别。这是为何?由于356的生产于1950年转移到了祖芬豪森(时至今日这里仍是保时捷总部所在地)的罗伊特车身制造厂,该厂不具备加工铝材的核心技术,于是该厂开始生产钢制底板。1948—1950年,奥地利格明德工厂(实则是一个老旧的锯木厂)一共生产了29辆车,其中只有6辆幸存至今,而这6辆车在今天的收藏家眼中是不可多得的"抢手货"。

保时捷356 Pre A

发动机

发动机位置 / 布置:	发动机后置 / 纵向布置
气缸:	水平对置 4 缸
缸径 x 行程:	73.5 毫米 x64 毫米
排量:	1086 毫升
最大功率:	4000 转 / 分时输出 40 马力
最大转矩:	70 牛·米
配气机构:	推杆式顶置气门,每个气缸两个气门
燃油系统:	双 Solex 26 VFJ 化油器
发动机冷却方式:	空冷
润滑方式:	干式油底壳

传动系统

驱动形式:	后轮驱动
离合器:	干式单片离合器
变速器:	大众非同步 4 档手动

底盘

车身类型:	双门四座,2+2
底盘:	钢制硬壳式
前悬架:	平行拖曳臂式悬架
后悬架:	摆动式悬架
转向系统:	齿轮齿条式
前 / 后制动:	大众车轮制动鼓

尺寸

轴距:	2100 毫米
长度:	3870 毫米
宽度:	1655 毫米
高度:	1300 毫米
整车质量:	592 千克

性能

最高车速:	148 千米 / 时
0—100 千米 / 时加速时间:	13.2 秒

保时捷356 Pre A
1948

的是，詹姆斯·迪恩驾驶该车在一次美国赛事中的全速行驶情况下不幸因意外丧生，550 Spyder因此声誉受损。然而，因为这一次偶然事件就判定550的好坏，显然是不公平的，不要忘记550为保时捷赢得的多个重量级冠军头衔，它仍是创造保时捷传奇的重要一员。

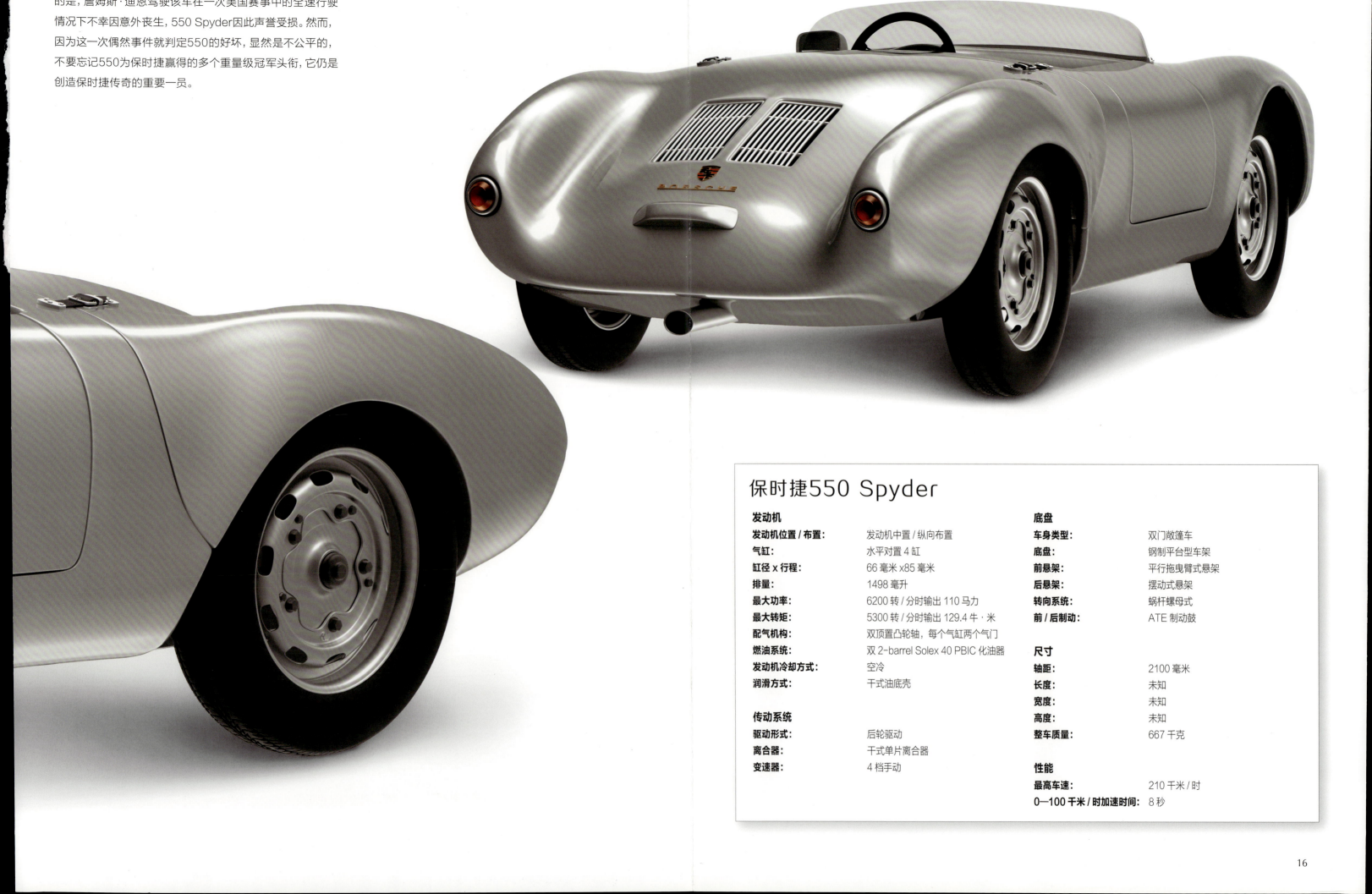

保时捷550 Spyder

发动机

发动机位置 / 布置：	发动机中置 / 纵向布置
气缸：	水平对置4缸
缸径 x 行程：	66毫米 x85毫米
排量：	1498毫升
最大功率：	6200转/分时输出110马力
最大转矩：	5300转/分时输出129.4牛·米
配气机构：	双顶置凸轮轴，每个气缸两个气门
燃油系统：	双2-barrel Solex 40 PBIC 化油器
发动机冷却方式：	空冷
润滑方式：	干式油底壳

传动系统

驱动形式：	后轮驱动
离合器：	干式单片离合器
变速器：	4档手动

底盘

车身类型：	双门敞篷车
底盘：	钢制平台型车架
前悬架：	平行拖曳臂式悬架
后悬架：	摆动式悬架
转向系统：	蜗杆螺母式
前 / 后制动：	ATE 制动鼓

尺寸

轴距：	2100毫米
长度：	未知
宽度：	未知
高度：	未知
整车质量：	667千克

性能

最高车速：	210千米/时
0—100千米/时加速时间：	8秒

保时捷718
1957

是550 Spyder播下了萌生718的种子。1956年,在意大利车手翁贝托·玛格里奥里驾驶下,550 Spyder赢得了保时捷的第一个塔格·佛罗热公路赛的冠军。1957年,第一辆718 Spyder诞生:想要更快速度、品质可靠的跑车客户数量不断增长,该车的诞生正是为满足这一需求。但这款车是在安装了恩斯特·福尔曼设计的1.6升发动机后才真正吸引了人们的注意。

718的RSK特别版车型还在艰苦的耐力赛中展现实力——在1958年的勒芒24小时耐力赛中,贝拉和赫尔曼驾驶它取得了季军成绩,巴斯和弗里尔取得了第四名的成绩。这不仅展示了保时捷汽车的可靠性,而且表明了在同等环境条件下,保时捷能够和更强劲的对手诸如阿斯顿·马丁DBR1、法

而不用侧窗。同时，可以选配一块车厢盖布，在下雨等恶劣天气情况下可快速铺盖以保护内饰。这款车一经上市即取得巨大成功，当然尤其在美国市场上。

当356A在1955年法兰克福车展上亮相时，保时捷也把Speedster放在这个系列中，之后又命名了与上述初级版本不同的Super Speedster：该车搭载一台1.6升75马力发动机，最高车速可达180千米/时，0—100千米/时加速时间仅需10秒。该车集速度、美丽和激情于一身，这也是Speedster的成功要素。尽管价格比之前的初级版车型高了不少，速度也慢了一点儿，但依然取得巨大成功。由此也应验了当时马克思·霍夫曼和菲利·保时捷的决策是英明的。

保时捷 356A 1600 Super Speedster

发动机

发动机位置/布置：	发动机后置、纵向布置
气缸：	水平对置4缸
缸径 x 行程：	82.5毫米 x74毫米
排量：	1582毫升
最大功率：	5000转/分时输出75马力
最大转矩：	3700转/分时输出117牛·米
配气机构：	推杆式顶置气门，每个气缸两个气门
燃油系统：	双Solex 40 PBIC 化油器
发动机冷却方式：	空冷
润滑方式：	干式油底壳

传动系统

驱动形式：	后轮驱动
离合器：	干式单片离合器
变速器：	VW 非同步4档手动

底盘

车身类型：	双门敞篷车
底盘：	钢制硬壳式
前悬架：	平行曳臂式悬架
后悬架：	摆动式悬架
转向系统：	齿轮齿条式
前/后制动：	VW 车轮制动鼓

尺寸

轴距：	2100毫米
长度：	3950毫米
宽度：	1670毫米
高度：	1220毫米
整车质量：	690千克

性能

最高车速：	180千米/时
0—100千米/时加速时间：	10秒

保时捷 356A 1600 Super Speedster 1956

"speed"与跑车"roadster"的组合词)被视为356的初级版本,是专为打开美国市场而设计的。美国进口商马克思·霍夫曼将这款356敞篷跑车的最高价格定为3000美元,认为这是在美国取得成功的唯一办法。一开始,菲利·保时捷并不赞成这个观点:不认为降价是个好办法,总感觉这是

款356 Speedster,并以2995美元的"低价"在美国发售。如何降低价格门槛呢?采用斜度更大的风窗玻璃,且比标准版356 Cabriolet的风窗玻璃要低10厘米,由此可以使用更基础、更接近乘客头部的帆布车顶,另外取消了仪表板上的杂物箱,后排座位采用固定式靠背,采用可拆装的塑料软窗

拉利250 TR和捷豹D-type等经典赛车进行竞争。

该款车在1959年也取得了巨大成功——718在埃德加·巴斯和沃尔夫冈·赛德尔的轮流驾驶下，登上了塔格·佛罗热公路赛的领奖台。1960年，RS60版本作为主角登台亮相，该车是以其诞生年份命名，该车配备了一台可输出高达160马力的发动机和更加精准的双横臂式后悬架。鉴于这些显著升级，该款车在汉斯·赫尔曼和奥利弗·根德比恩的驾驶下赢得了美国赛百灵12小时耐力赛的冠军和西西里塔格·佛罗热公路赛的胜利。除了RS60版本，718还是多款赛车的基础车型。1962年，保时捷F1赛车（命名为Type 804）是以718为基础打造，并在丹·格尼的驾驶下赢得了法国大奖赛的冠军。

保时捷718

发动机

发动机位置/布置：	发动机中置/纵向布置
气缸：	水平对置4缸
缸径 x 行程：	66 毫米 x85 毫米
排量：	1498 毫升
最大功率：	7500 转/分时输出 145 马力
最大转矩：	6300 转/分时输出 146 牛·米
配气机构：	4 缸双顶置凸轮轴
燃油系统：	双 2-barrel Weber 46 IDM 化油器
发动机冷却方式：	空冷
润滑方式：	干式油底壳

传动系统

驱动形式：	后轮驱动
离合器：	干式单片离合器
变速器：	5 档手动

底盘

车身类型：	铝制车身，双门敞篷车
底盘：	钢制车架
前悬架：	双横臂式悬架
后悬架：	双横臂式悬架
转向系统：	蜗杆螺母式
前/后制动：	ATE 制动鼓

尺寸

轴距：	2100 毫米
长度：	未知
宽度：	未知
高度：	未知
整车质量：	576 千克

性能

最高车速：	210 千米/时
0—100 千米/时加速时间：	8 秒

保时捷 911
1963

这是第一款911车型,也是最令人难忘的车型之一,正是它开启了保时捷的隽永传承,承载着整个保时捷家族的灵魂。这款车源自费迪南德·亚历山大·保时捷(绰号"巴兹")的设计创意,他是费迪南德·保时捷的孙子,祖芬豪森保时捷工厂的创始人。

这一切都始于T7——一款原本是为了替代或加入356系列而设计的概念车,这款概念车的意义很快凸显出来:之前沿用多年的大众4缸发动机已达到了其技术性能的极限,并且更重要的是,很多客户要求可以为乘客和行李提供更多空间。由此,T7诞生了,该车的尾部设计非常引人注目,拥有

自此，凭借保时捷制动系统的模块化、高强度和优异的抗衰减性，保时捷制动系统时至今日也是最优异的代表之一。与此同时，Carrera 2安装了更为舒适的座椅——该座椅由罗伊特车身制造厂生产制造，该厂也生产了356车型的车身，而座椅通风系统明显改善，能够提供更好的乘坐舒适性。然而，当时Carrera 2的造价实在太高，这也是它生产数量少的原因。因此，这款车受到了当代收藏家的热烈追捧。

保时捷356 Carrera 2

发动机

发动机位置 / 布置：	发动机后置 / 纵向布置
气缸：	水平对置 4 缸
缸径 x 行程：	92 毫米 x74 毫米
排量：	1966 毫升
最大功率：	6200 转 / 分时输出 130 马力
最大转矩：	6200 转 / 分时输出 161 牛·米
配气机构：	4 缸双顶置凸轮轴，每个气缸两个气门
燃油系统：	双 2-barrel Weber 40 DCM2 化油器
发动机冷却方式：	空冷
润滑方式：	干式油底壳

传动系统

驱动方式：	后轮驱动
离合器：	干式单片离合器
变速器：	4 档手动

底盘

车身类型：	双门四座，2+2
底盘：	钢制硬壳式
前悬架：	平行拖曳臂式悬架
后悬架：	摆动式悬架
转向系统：	齿轮齿条式
前 / 后制动：	保时捷制动盘

尺寸

轴距：	2100 毫米
长度：	3950 毫米
宽度：	1670 毫米
高度：	1220 毫米
整车质量：	845 千克

性能

最高车速：	205 千米 / 时
0—100 千米 / 时加速时间：	8.2 秒

保时捷356 Carrera 2
1961

356已经非常熟悉且无比崇拜。而来自祖分豪森的保时捷则认为是时候推出一款356特别版来提高其性能指标了,这个356特别版就是Carrera 2000 GS,坊间称之为Carrera 2。那这款车是如何升级的呢?首先,发动机输出动力提升,4缸发动机升级为装备双顶置凸轮轴并应用双火花塞点火技术的发动机:凭借这颗应验丰富赛车经验尤其是耐力赛经验而打造的"心脏",德国工程师成功地使其在6200转/分时可进

型跑车Carrera 2来说这可是很强的动力,由此它的最高车速可达205千米/时,从0加速到100千米/时也只需8秒多一点。她还配备了全新的变速器,其换档动作更精准平顺。为了更好地控制该车的超凡性能,其4个车轮都安装了制动盘,且是保时捷首次应用独特的制动盘设计:由内侧固定,外侧边缘固定在一个星型轮毂支架上,由于制动效果非凡,该制动盘时至今日仍广受赞誉。

优美的弧形后车窗和能够舒适容纳两名乘客的后排座椅。

然而，巴兹的父亲——当时保时捷的掌舵人费利，却认为四门轿车并不是保时捷的目标：这意味着他们要同梅赛德斯-奔驰这样的传统豪华轿车巨头进行竞争，成功的可能性会很小，需要创造出一款全新而不同的车型，即便后排座椅像弹跳座椅那般狭小也没关系：基于此想法，巴兹缩短了车尾，创造出了我们时至今日仍敬仰的永恒设计风格。但当时保时捷团队对这一车型并非信心十足，甚至很多人认为这或许就是个错误。

1963年，该车在法兰克福车展正式亮相，令人惊喜的是，所有对这款车的质疑很快烟消云散：该车（最初命名为901）在展会上取得了巨大的成功。后置6缸发动机在6100转/分时能输出130马力，变速器面朝发动机舱，以此更好地平衡重量分布并缩短连杆长度。但是，标致汽车公司却在其中横插一脚：这家法国汽车厂商把所有中间为0的三位数字标识都注册了，因此901只能被标致使用。因此，在保时捷看来，把这款车换名为911似乎是最自然不过的解决办法。

保时捷 911

发动机

发动机位置/布置：	发动机后置/纵向布置
气缸：	水平对置6缸
缸径 x 行程：	80毫米 x66毫米
排量：	1991毫升
最大功率：	6100转/分时输出130马力
最大转矩：	4200转/分时输出175牛·米
配气机构：	单顶置凸轮轴，每个气缸两个气门
燃油系统：	2个Solex 40P1化油器
发动机冷却方式：	空冷
润滑方式：	干式油底壳

传动系统

驱动形式：	后轮驱动
离合器：	干式单片离合器
变速器：	5档手动

底盘

车身类型：	双门四座，2+2
底盘：	钢制硬壳式
前悬架：	麦弗逊式独立悬架
后悬架：	拖曳臂式独立悬架
转向系统：	齿轮齿条式
前/后制动：	自调式制动盘

尺寸

轴距：	2270毫米
长度：	4290毫米
宽度：	1670毫米
高度：	1775毫米
整车质量：	1080千克

性能

最高车速：	200千米/时
0—100千米/时加速时间：	8.5秒

保时捷917 K
1969

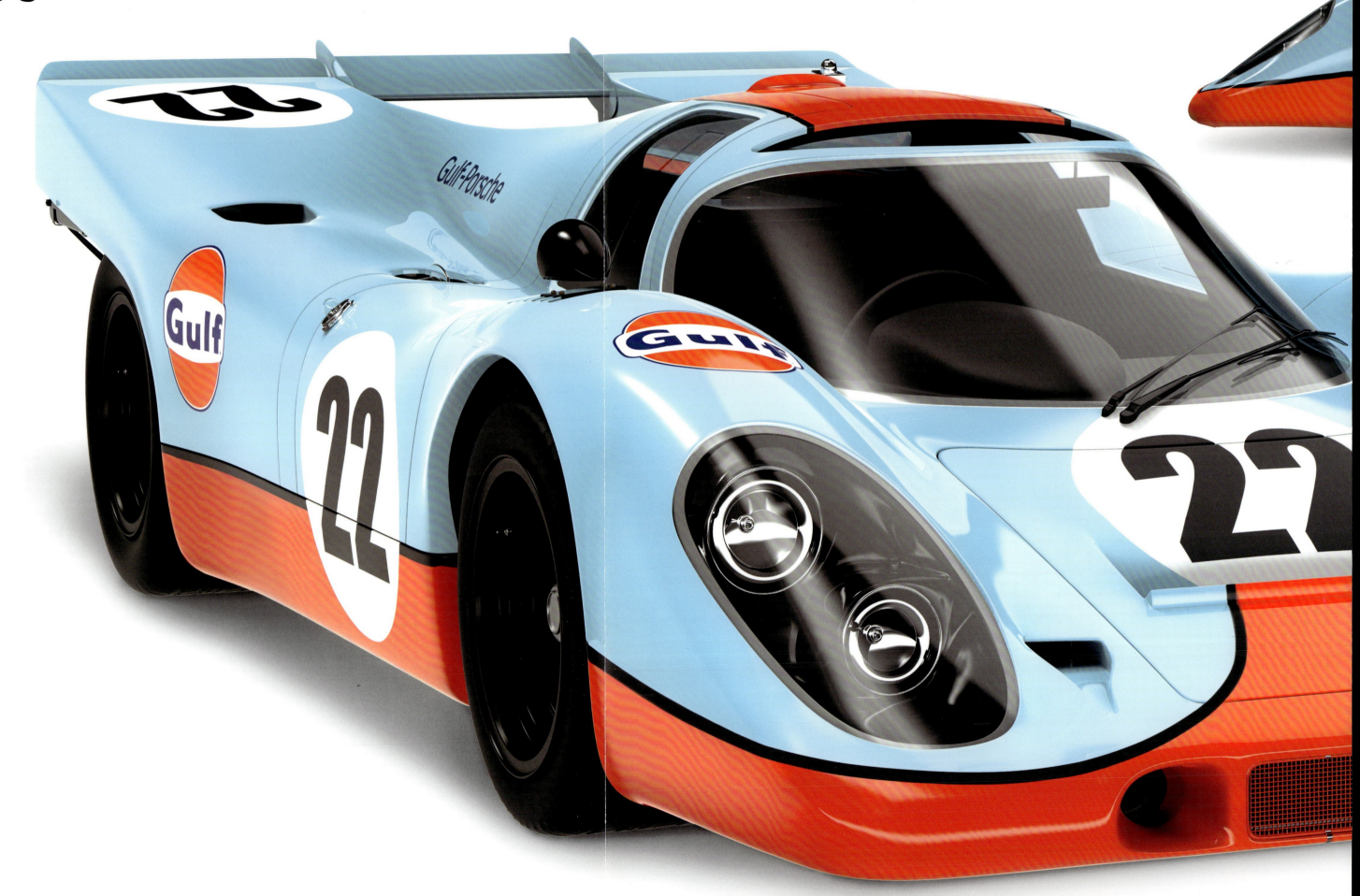

130马力的发动机。由于底盘刚性结构的要求，该车重量有所增加，但其魅力亦大大提高，受益于敞篷设计的头顶那片蔚蓝天空令其增色不少。驾驶该款车快感十足，甚至比硬顶版更容易享受到驾驶乐趣，尤其是在炎热的天气中：实际上，坐在敞篷车中乘客更容易听到6缸发动机的经典咆哮声。

Targa车型历史悠久，延续至今。而对于敞篷车爱好者而言，保时捷还有911 Cabriolet敞篷车型，但那就是另一个故事了。

保时捷911 Targa

发动机

发动机位置/布置：	发动机后置/纵向布置
气缸：	水平对置6缸
缸径 x 行程：	80毫米 x 66毫米
排量：	1991毫升
最大功率：	6100转/分时输出130马力
最大转矩：	4200转/分时输出175牛·米
配气机构：	单顶置凸轮轴，每个气缸两个气门
燃油系统：	2个Solex 40P1化油器
发动机冷却方式：	空冷
润滑方式：	干式油底壳

传动系统

驱动形式：	后轮驱动
离合器：	干式单片离合器
变速器：	5档手动

底盘

车身类型：	双门四座，2+2
底盘：	钢制硬壳式
前悬架：	麦弗逊式独立悬架
后悬架：	拖曳臂式独立悬架
转向系统：	齿轮齿条式
前/后制动：	自调式制动盘

尺寸

轴距：	2270毫米
长度：	4290毫米
宽度：	1775毫米
高度：	1310毫米
整车质量：	1140千克

性能

最高车速：	200千米/时
0—100千米/时加速时间：	8.5秒

保时捷 911 Targa 1965

手意志的赛事之一,无论是其赛道的布局——环绕西西里岛玛多涅(Madonie)山脉的蜿蜒山路,还是其赛程长度——全程超过700千米,都奠定了它在汽车赛事中的独特地位。这一赛事由文森佐·佛罗热创办,赢得该比赛是对赛车性能和可靠性的最有力佐证。

1964年,保时捷凭借904赛车的优异表现,赢得了塔格·佛罗热公路赛的冠军(这是第5个冠军,保时捷在塔格·佛罗热公路赛中总共赢了11个冠军),在西西里的赛车赢比赛,周一就大卖",遵循这一原则,祖分豪森决定要用一款911特别版来庆祝1964年的这一胜利。保时捷911 Targa和赛车一样,是一辆敞篷车,于1965年首次亮相。该车的风窗玻璃和钢制翻车保护杆/防滚架(有Targa字样)之间是一个可简易拆卸的乙烯基硬顶。而塑料后窗可向下折叠,进而用结实的拉链连接到翻车保护杆上。其后, 2.2 Targa车型于1973年诞生,该款车安装了固定式玻璃后窗,用以提供更好的声音效果,但该车是以第一代911为基础,搭载了一台2升

试想：曾几何时，有一辆赛车在赛道上所向披靡、势不可挡，直到"逼迫"国际汽联修改规则后，这辆赛车的冠军之路才被迫中断。而这辆车就是保时捷917，它是保时捷历史上具有里程碑意义的经典车型。回溯至1967年，祖芬豪森工厂决定根据世界原型车锦标赛的新规则为5升发动机设计一款新赛车，由此917应运而生。

主导这个项目的是一名年轻工程师——费迪南德·皮耶希，他是费迪南德·保时捷的孙子。该车采用塑料成型的车身和铝合金管式架构底盘；轻量化是保时捷工程师的制胜王牌。但是，该车不仅较轻，还配备了由2台来自911 R的发动机所构成的一台4.5升12缸发动机，动力十分强劲，在8300 转/分可迸发出580马力。

该车第一次史诗般的出场是在1970年的勒芒24小时耐力赛上：经过激烈角逐，汉斯·赫尔曼和理查德·阿特伍德双人组率先冲过终点线，在平均车速高达200千米/时的超高速下斩获冠军。由杰拉德·拉鲁斯和威利·考森驾驶的长尾版917赛车也赢得了亚军，因此成就了保时捷在萨尔特赛道上的第一个全胜。

此外，史蒂夫·麦奎因也是在这一年拍摄了赛车题材电影《勒芒》。这是一部纪录片，其中很多场景镜头都是在赛车手的驾驶席上拍摄的，被视为世界上最优秀的电影作品之一。一年后，保时捷携空气动力学得到极大改善的赛车再一次出现在这条法国赛道上：917 K（短尾版）在赫尔穆特·马科和吉斯·范·伦内普的驾驶下登上最高领奖台，平均车速高达222千米/时。这个纪录甚至保持了39年之久，期间没有一家汽车制造商能够打破。

保时捷917 K

发动机

发动机位置/布置：	发动机中置/纵向布置
气缸：	水平对置12缸
缸径×行程：	86毫米×70.4毫米
排量：	4907毫升
最大功率：	8300 转/分输出600马力
最大扭矩：	6400 转/分输出563牛·米
配气机构：	双顶置凸轮轴，每个气缸两个气门
燃油系统：	博世Motronic电子燃油喷射系统
发动机冷却方式：	混合式，空冷气缸，水冷气缸头
润滑方式：	压力润滑，干式油底壳

传动系统

驱动形式：	后轮驱动
离合器：	干式单片离合器
变速器：	5档手动

底盘

车身类型：	单座原型车
底盘：	铝制硬壳式，底板采用碳纤维复合材料
前悬架：	拖曳臂式半独立悬架
后悬架：	拖曳臂式半独立悬架
转向系统：	齿轮齿条式
前/后制动：	自通风式制动盘，每个配2个卡钳

尺寸

轴距：	2650毫米
长度：	4120毫米
宽度：	1980毫米
高度：	940毫米
整车质量：	800千克

性能

最高车速：	345千米/时
0—100千米/时加速时间：	未知

保时捷 911 Carrera RS 2.7
1972

前照灯是可伸缩的，只配备了2个座椅，后车窗为固定式，能够在发生翻车事故时提供保护。该车除了1.8升4缸VW 411 E型70马力发动机（914/4）可选之外，还可选择911T的2升110马力6缸发动机（914/6）。1972年推出了配备2升100马力发动机的车款，转年又推出了配备1.8升85马力发动机的车款。然而，这款车的闪光点并不是发动机性能，而是出色的转弯性能，得益于近乎完美的前后重量分布（46/54），使得这款车在今天仍能让人体验到十足的驾驶乐趣。

保时捷914

发动机

发动机位置/布置：	发动机后置/中心布置
气缸：	水平对置6缸
缸径 x 行程：	80 毫米 x 60 毫米
排量：	1991 毫升
最大功率：	5800 转／分时输出 110 马力
最大转矩：	4200 转／分时输出 160 牛·米
配气机构：	单顶置凸轮轴，每个气缸四个气门
燃油系统：	双 weber tviple barrel 化油器
发动机冷却方式：	空冷
润滑方式：	干式油底壳

传动系统

驱动形式：	后轮驱动
离合器：	干式单片离合器
变速器：	5 档手动

底盘

车身类型：	双门双座，带全景天窗
底盘：	平台型车架
前悬架：	纵向扭杆式悬架
后悬架：	双横臂式悬架
转向系统：	齿轮齿条式
前/后制动：	制动盘

尺寸

轴距：	2450 毫米
长度：	3985 毫米
宽度：	1650 毫米
高度：	1230 毫米
整车质量：	940 千克

性能

最高车速：	190 千米/时
0—100 千米/时加速时间：	未知

保时捷 914
1970

海因茨·诺德霍夫（他是20世纪60年代末期的大众汽车公司总经理）之间互敬互信的产物。虽然保时捷想要打造一款发动机中置的新款车，但位于沃尔夫斯堡的大众则想做一款能够替代由其车身供应商卡尔曼（Karmann）制造的双门跑车和敞篷车跑车的新车型。

他们两人达成默契：共同研发一款新车，要发挥各自技术优势来实现。实际上，两人还存在亲戚关系——诺德霍夫的女儿是费迪南德·保时捷的孙媳妇。但不幸的是，诺德霍夫的大众总经理库尔特·罗兹/否认对914车型所作的承认之前他们两人的口头约定，这使保时捷遭遇了严重的财务危机。

最后，他们寻求了一个"双赢"的解决方案：他们共同注册了一个新公司——大众保时捷公司。同年，914在法兰克福车展上亮相。这款全新的大众保时捷汽车以长轴距和短悬为特色，配备了一个可拆装的玻璃钢硬顶，拆下后可放在行李舱内而不占用太多行李空间（总共有370升的容量）。

20世纪70年代初,保时捷决定重返赛场,回到那个最受欢迎的组别。因此在GT组别,保时捷需要至少生产500辆汽车才能满足该组别量产车规则的要求。这款车就是保时捷Carrera RS 2.7,即当时911赛车的顶峰。

该车尾部的玻璃钢扰流板(被俗称为"鸭尾")不但造型引人注目,而且能将尾部的抬升力降低70%。除此之外,保时捷工程师尽最大努力地减轻车体重量:采用更薄的钢材、玻璃和塑料保险杠,发动机舱盖和油箱也轻量化,拆除了内饰中的隔声材料、后排座椅以及仪表板上的时钟。所有这些轻量化措施使得整车重量仅有930千克。同时,保时捷工程师开始改进Type 911/83发动机:缸径得以增加,由此发动机排量增加到2.7升,而铸铁缸体则被性能更好的带Nikasil涂层(镍矽碳化物)的铝合金气缸所替代。因此,这台6缸发动机能迸发出210马力,而转矩的增加(相比911 S车型增加18%)使得该车能够使用较硬的离合器弹簧。另一外,变速器在第4和第5档位时,该车可实现最高车速达240千米/时,在前3个低档位时,这款RS车型从0加速到100千米/时仅需6秒。

这款车一经上市就引起车迷的热烈追捧,计划生产的500辆车不到两周就已售罄。因此,保时捷决定生产第二批2.7 RS,他们也非常乐意这样做。由此,其产量超过1000辆,达到了组别3(Group 3)同量产车规则的要求,保时捷也得以晋身挑战Group 3组别。今天,第一批RS车型的价格基本等同于大城市中心一套公寓的价格:正可谓价值不菲。

保时捷911 Carrera RS 2.7

发动机

发动机位置/布置:	发动机后置/纵向布置
气缸:	水平对置6缸
缸径 x 行程:	90毫米 x 70.4毫米
排量:	2687毫升
最大功率:	6100转/分时输出210马力
最大转矩:	5100转/分时输出255牛·米
配气机构:	单顶置凸轮轴,每个气缸两个气门
燃油系统:	博世K-Jetronic燃油喷射系统
发动机冷却方式:	空冷
润滑方式:	干式油底壳

传动系统

驱动形式:	后轮驱动
离合器:	干式单片离合器
变速器:	5档手动

底盘

车身类型:	双门四座,2+2
底盘:	钢制硬壳式
前悬架:	麦弗逊式独立悬架
后悬架:	拖曳臂式半独立悬架
转向系统:	齿轮齿条式
前/后制动:	通风式制动盘,带助力制动

尺寸

轴距:	2270毫米
长度:	4147毫米
宽度:	1778毫米
高度:	1210毫米
整车质量:	930千克

性能

最高车速:	240千米/时
0—100千米/时加速时间:	6.2秒

保时捷 911 SC
1978

对于1977年的法兰克福车展，保时捷决定进一步简化911产品系列：取消基础车型和Carrera车型，新增SC（Super Carrera）车型。尽管名字叫SC，但这款车的设计主旨却要成为一辆更"平易近人"的保时捷，以扩大保时捷的客户群。"平易近人"并不是指价格（其售价依然很贵），而是说它的发动机：由于8.5:1的压缩比较低，该款车所搭载的3升6缸发动机仅输出180马力。除此之外，合适的转矩输出使该车在低转速下也很容易操控。这款车在任何公路上都能轻松驾驶，因此，911 SC也是保时捷Tame Cars（寓意"被驯服了的汽车"）的一员。两年后，911配备了标准助力制动器和改进后更耐用的离合器，这也是为何把发动机主体向前移动30毫米而不会对驾驶性能产生负面影响的原因。改进后的这款车依然是一款真正的911。

从美学角度来说，SC车型没有必要羡慕比它性能更好的同类车型，因为其底板要比Carrera更宽大。这款车能让真正的保时捷爱好者嗤之以鼻的只有两个小细节：一个是15英寸的ATS合金轮毂——保时捷第一次"背叛"了经典的福斯轮毂；另一个是保险杠两侧的塑料波纹套。尽管塑料

出260马力和坚韧的品牌个性。驾驶Turbo版911，你必须时刻保持头脑清醒，明确自己要做什么：当KKK涡轮增压器开始运行时，它会瞬间向后轮传送巨大的转矩。在转速低于4000转/分时，该车和其他911车型没有明显区别，甚至有可能会慢一点，然而一旦超过这个临界点，被束缚的"魔鬼"就像挣脱了枷锁，车子将会变得异常迅捷而勇猛，这对于很多人来说要想很好地操控它并不是很容易。变速器只有四个档位，在1档就能达到90千米/时的速度，再加上该车没有助力转向，在日常驾驶中会有一定难度。

第一款Turbo车型（930系列）只适合驾驶技巧高超的客户；1977年，Turbo车型装备了一台中冷器和一台3.3升的发动机，在转速为5500转/分时能迸发出300马力。从1974年到1989年，930系列的Turbo车型总共卖出超过2万辆，这个车型也象征着永不磨灭的911系列车型的开始。这其中也包括1986年以后推出的Targa和Cabriolet版敞篷车——因为高性能不代表一切。又有谁能想象到在世界石油危机背景下保时捷能够推出这样一款令人着迷的超级尤物呢？

保时捷911 Turbo

发动机

发动机位置/布置：	发动机后置/纵向布置
气缸：	水平对置6缸
缸径 x 行程：	100毫米 x76.4毫米
排量：	2994毫升
最大功率：	5500转/分时输出260马力
最大转矩：	4000转/分时输出343牛·米
配气机构：	单顶置凸轮轴，每个气缸两个气门
燃油系统：	博世 K-Jetronic 燃油喷射系统，带 KKK 涡轮增压器
发动机冷却方式：	空冷
润滑方式：	干式油底壳

传动系统

驱动形式：	后轮驱动，可选配自锁式差速器
离合器：	干式单片离合器
变速器：	4档手动

底盘

车身类型：	双门四座，2+2
底盘：	钢制硬壳式
前悬架：	双横臂式独立悬架
后悬架：	拖曳臂式独立悬架
转向系统：	齿轮齿条式
前/后制动：	通风式制动盘，带助力制动

尺寸

轴距：	2270毫米
长度：	4290毫米
宽度：	1775毫米
高度：	1310毫米
整车质量：	1140千克

性能

最高车速：	250千米/时
0—100千米/时加速时间：	5.5秒

保时捷 911 Turbo
1974

分豪森的保时捷工厂从1969年开始就在试验涡轮增压器的特性,917 Sports原型车率先应用了涡轮增压技术,后来1973年的911 Carrera RSR 赛车也应用了该技术。

正是收获了这些经验,车身宽大且低矮的一款"特别版"911(相较于标准车型,该车的后翼子板加大了12厘米)才可提升发动机的冷却效果,并且在高速行驶下能够提升车引力效率:这辆车就是911 Turbo。至此,在世界能源危机的特殊背景下,第一款911 Turbo首次公开亮相。

保时捷拥有前瞻的眼光、狂热的发烧友、活力十足的员工,如同他们打造的6缸发动机一样,在5500 转/分时能迸发

波纹套是为了满足美国严格的碰撞测评标准而特别定做的，但它从未被保时捷的忠实粉丝所接受。然而，在1982年日内瓦车展上亮相的第一款911全敞篷跑车（911 SC Cabriolet）也让人们记住了911 SC车型。911 Cabriolet配备了一个可手动折叠的帆布车顶，外加一个净重25千克，且必须安装的硬性支架。当然，911 SC无与伦比的魅力也令人难以忘怀。由此，一款神话般的车型在保时捷911系列中诞生。

保时捷911 SC

发动机

发动机位置 / 布置：	发动机后置 / 纵向布置
气缸：	水平对置6缸
缸径 x 行程：	95毫米 x70.4毫米
排量：	2994毫升
最大功率：	5500转 / 分时输出180马力
最大转矩：	4300转 / 分时输出265牛·米
配气机构：	单顶置凸轮轴，每个气缸两个气门
燃油系统：	CIS燃油喷射系统，带高压电子喷油泵
发动机冷却方式：	空冷
润滑方式：	干式油底壳

传动系统

驱动形式：	后轮驱动
离合器：	干式单片离合器
变速器：	4档手动（可选配5档的）

底盘

车身类型：	双门四座，2+2，软顶
底盘：	钢制硬壳式
前悬架：	麦弗逊式独立悬架
后悬架：	拖曳臂式半独立悬架
转向系统：	齿轮齿条式
前 / 后制动：	制动盘

尺寸

轴距：	2272毫米
长度：	4290毫米
宽度：	1651毫米
高度：	1321毫米
整车质量：	1275千克

性能

最高车速：	215千米 / 时
0—100千米 / 时加速时间：	8.3秒

新式三点安装系统。该车的内饰空间比911稍大一些,包括一块椭圆型仪表板,安装的仪表则和928的一样。不得不说944 Turbo是一款优异卓绝的好车,因此保时捷在1986年还推出了动力同样为220马力的944 Turbo Cup,后来又推出了一连串以944命名的车型。正因为车型众多,944到1991年停产时总共生产了163303辆,这是保时捷有史以来最畅销的车型之一。后来,944被968所取代。

保时捷944 Turbo

发动机

发动机位置 / 布置：	发动机前置 / 纵向布置
气缸：	直列4缸
缸径 x 行程：	100 毫米 x78.9 毫米
排量：	2479 毫升
最大功率：	6000 转 / 分时输出 220 马力
最大转矩：	4800 转 / 分时输出 264 牛·米
配气机构：	双顶置凸轮轴，每个气缸两个气门
燃油系统：	博世 DME 燃油喷射系统
发动机冷却方式：	水冷
润滑方式：	压力润滑

传动系统

驱动形式：	后轮驱动
离合器：	干式单片离合器
变速器：	5 档手动，可选配奥迪 3 档

底盘

车身类型：	双门四座，2+2
底盘：	钢制硬壳式
前悬架：	麦弗逊式独立悬架
后悬架：	拖曳臂式半独立悬架
转向系统：	齿轮齿条式，助力制动
前 / 后制动：	通风式制动盘

尺寸

轴距：	2400 毫米
长度：	4289 毫米
宽度：	1735 毫米
高度：	1275 毫米
整车质量：	1280 千克

性能

最高车速：	245 千米 / 时
0—100 千米 / 时加速时间：	5.3 秒

964是保时捷跟自己打的一个"赌",它是第一个安装了四轮驱动系统的911系列车型。由于已经在959上做了四轮驱动系统的"试验",保时捷对这一技术的运用十分娴熟。1988年底,Carrera 4诞生了,随之而来的是几项新颖的变化:尽管车身尺寸被加大——后翼子板更大,保险杠被重新设计,由此风阻系数从0.38降到了0.32,但最主要的改动还是在车身内部。先说发动机,缸径从95毫米增加到了100毫米,排量增加到了3.6升,可输出250马力,比之前多了20马力。当然,还有四轮驱动系统:三台差速器和两台多片离合器能将转矩分配给前轴和后轴,由于安装了ABS传感器,还能将转矩分配给各个车轮。正常情况下,31%的驱动力会给到前轮,剩余的69%会给到后轮。悬架也进行了重新设计,由于采用了特殊弹簧,后悬架能够在极端情况下作出适应性调整。所有这些升级使整车净重增加到了1450千克:因此制动系统也需要采用更大的制动盘与合金卡钳(并非镁合金卡钳)。在路上行驶时,Carrera 4比其他所有"过时的"911车款都更易于操控:虽然转弯时有点轻微的转向不足,但随着时间的推移,这点儿"不足"却成为它的稳定性因素。然而,纯粹主义者抱怨说:即使在高速驾驶下,Carrera 4也给不了他们驾驶前辈车款所带来的激情与刺激,没有找到"鸡皮疙瘩掉一地"的感觉。由此,1989年底,964 Carrera 2再一次进行了"变身":去掉所有用于四轮驱动系统的零部件后,车重减轻了100千克,且具有明显的转向过度倾向。这或许是保时捷粉丝所津津乐道的……

保时捷911-964 Carrera 4

发动机

发动机位置/布置：	发动机后置/纵向布置
气缸：	直列6缸
缸径 x 行程：	100 毫米 x76.4 毫米
排量：	3600 毫升
最大功率：	6100 转/分时输出 75 马力
最大转矩：	4800 转/分时输出 309 牛·米
配气机构：	单顶置凸轮轴，每个气缸两个气门
燃油系统：	博世 Motronic 燃油喷射系统
发动机冷却方式：	空冷
润滑方式：	干式油底壳

传动系统

驱动形式：	全时四轮驱动
离合器：	干式单片离合器
变速器：	5 档手动

底盘

车身类型：	双门四座，2+2
底盘：	钢制硬壳式
前悬架：	麦弗逊式独立悬架
后悬架：	拖曳臂式独立悬架
转向系统：	齿轮齿条式，助力转向
前/后制动：	通风式制动盘，ABS

尺寸

轴距：	2270 毫米
长度：	4250 毫米
宽度：	1650 毫米
高度：	1320 毫米
整车质量：	1450 千克

性能

最高车速：	260 千米/时
0—100 千米/时加速时间：	5.9 秒

椅，前面安装了2个Recaro赛车桶形座椅，采用红色拉带来替代门把手；没有电动车窗，没有中控门锁，没有空调，甚至没有助力转向；没有隔声用的内饰垫子，甚至没有做防锈处理——事实上，标准的十年防锈质保在这辆车上被缩短成三年。另外，除前支撑杆之外，从Cup赛车版移植而来的悬架也具有更强的刚性。为了能够突破260马力，使该车的最高车速达到260千米/时，其搭载的直列6缸发动机安装了一个轻质飞轮，并应用了不同的燃油喷射参数，还安装了一个用于交流发电机和散热风扇的单传动带装置，还装备了Turbo版车型的大型制动盘（直径为322毫米）。对于热爱驾驶的车迷来说，在公路上驾驶964 RS的乐趣一点儿不逊色于日本漫画《头文字D》中所描述的。但是，鉴于这款车没有助力转向，所以你必须时刻保持头脑清醒，要做到眼明手快。

保时捷911-964 RS

发动机

发动机位置 / 布置：	发动机后置 / 纵向布置
气缸：	水平对置 6 缸
缸径 x 行程：	100 毫米 x76.4 毫米
排量：	3600 毫升
最大功率：	6100 转 / 分时输出 250 马力
最大转矩：	4800 转 / 分时输出 324 牛·米
配气机构：	单顶置凸轮轴，每个气缸 2 个气门
燃油系统：	博世 Motronic M 2.1 燃油喷射系统
发动机冷却方式：	水冷
润滑方式：	压力润滑，干式油底壳

传动系统

驱动形式：	后轮驱动，自锁差速器，40% 锁定
离合器：	干式单片离合器
变速器：	5 档手动

底盘

车身类型：	双门四座，2+2
底盘：	钢制硬壳式
前悬架：	麦弗逊式独立悬架
后悬架：	拖曳臂式独立悬架
转向系统：	齿轮齿条式
前 / 后制动：	通风式制动盘，博世 ABS

尺寸

轴距：	2272 毫米
长度：	4275 毫米
宽度：	1652 毫米
高度：	1270 毫米
整车质量：	1260 千克

性能

最高车速：	260 千米 / 时
0—100 千米 / 时加速时间：	5.3 秒

到100千米/时只需5.3秒。这样一款GT跑车能够陪你走过任何季节，无论是在夏日炎炎的西班牙海岸，还是在瑞士圣莫里茨的滑雪圣地：换上冬季雪地胎，Carrera 4S几乎可以陪你去任何地方。尽情释放你的激情，伴着发动机独特的咆哮之音狂舞吧，因为接下来水冷式发动机的时代即将到来，以后想聆听这种声音就难上加难了。

保时捷 911-993 Carrera 4S

发动机

发动机位置 / 布置：	发动机后置 / 纵向布置
气缸：	水平对置 6 缸
缸径 x 行程：	100 毫米 x76.4 毫米
排量：	3600 毫升
最大功率：	6100 转 / 分时输出 285 马力
最大转矩：	5250 转 / 分时输出 340 牛·米
配气机构：	单顶置凸轮轴，每个气缸 2 个气门
燃油系统：	DM 5.2 电子燃油喷射系统
发动机冷却方式：	空冷
润滑方式：	压力润滑，干式油底壳

传动系统

驱动形式：	全时四轮驱动，ZF 自锁差速器
离合器：	干式单片离合器
变速器：	6 档手动

底盘

车身类型：	双门四座，2+2
底盘：	钢制硬壳式
前悬架：	麦弗逊式独立悬架
后悬架：	拖曳臂式独立悬架
转向系统：	齿轮齿条式
前 / 后制动：	通风式制动盘，ABS

尺寸

轴距：	2272 毫米
长度：	4245 毫米
宽度：	1795 毫米
高度：	1300 毫米
整车质量：	1470 千克

性能

最高车速：	270 千米 / 时
0—100 千米 / 时加速时间：	5.3 秒

这是一款公路跑车,但它无论怎么看又不太像是一款普通的量产跑车。这就是993 GT1超级跑车,它是角逐BPR全球GT系列赛(该赛事的名字以尤根·巴斯、帕特里克·皮特和斯蒂芬·拉特尔这三位创始人的姓氏首字母构成,是国际汽联FIA GT大奖赛的前身)的赛车的基础车型。

该车诞生于1995年底,车身全部采用碳纤维材质打造,中间部分的车厢造型和911系列很相似,搭载了一台6缸发动机,由于安装了两台像西瓜一样大小的KKK涡轮增压器,该发动机在7200转/分时能迸发出544马力的动力,最高车速(受到电子限速)可达310千米/时,从0加速到100千米/时仅需3.7秒,在当时如此的速度表现十分惊人。当然,与之匹配的制动系统也不是问题:装备的布雷博(Brembo)制动系统配有4个直径为380毫米的通风式碳陶制动盘,前轮配有8活塞制动卡钳,后轮配有4活塞制动卡钳。

该车参加的第一场比赛是1996年的勒芒24小时耐力赛,在蒂埃里·伯特森、汉斯·乔西姆·斯塔克、鲍勃·沃里克的共同驾驶下,毫无悬念地赢得了冠军奖杯。当然,赢得比赛的另一个重要原因是动力被提升至600马力,且空载重量只有1050千克。1998年,由于赛事规则的细微改动,该车也不得不随之更新:其中一个改动就是采用了996的椭圆形(又被称为"煎蛋")前照灯。直到今天,这款车依然是公路上最令人敬畏的超级跑车之一,它不仅在赛场上表现出色,在公路上更是所向披靡。在驾驶经验娴熟的车手手中,驾驶993 GT1所激发的肾上腺素甚至不亚于飞行员在战斗机起飞时的刺激体验。为了将这款车塑造为传奇之作,保时捷赛车运动部只生产了7辆公路版993 GT1超级跑车。如今,这款车价值千金。

保时捷911-993 GT1

发动机

发动机位置/布置:	发动机中置/纵向布置
气缸:	水平对置6缸
缸径x行程:	100毫米x76.4毫米
排量:	3200毫升
最大功率:	7200转/分时输出544马力
最大转矩:	4500转/分时输出535牛·米
配气机构:	双顶置凸轮轴,每个气缸4个气门
燃油系统:	博世电子燃油喷射系统,带2个kkk涡轮增压器
发动机冷却方式:	水冷
润滑方式:	压力润滑,干式油底壳

传动系统

驱动形式:	后轮驱动,自锁差速器
离合器:	干式单片离合器
变速器:	6档手动

底盘

车身类型:	双门双座
底盘:	碳纤维底板
前悬架:	麦弗逊式独立悬架
后悬架:	推杆式独立悬架
转向系统:	蜗杆螺母式
前/后制动:	通风式碳陶制动盘

尺寸

轴距:	2272毫米
长度:	4245毫米
宽度:	1855毫米
高度:	1270毫米
整车质量:	1150千克

性能

最高车速:	310千米/时
0—100千米/时加速时间:	3.7秒

感。其最高车速可达305千米/时，从0加速到100千米/时仅需4.2秒。不要忽略它还有奢华优雅的内饰，这可是一款真正的保时捷旗舰级跑车。Turbo版车型也可选配Tiptronic手自一体变速器。2003年，Turbo S诞生，该车比Turbo增加了30马力，配备了Carrera GT超级跑车所配备的碳陶制动盘。而996 Turbo Cabriolet敞篷跑车是另一个分支，其最高车速也可达300千米/时。

保时捷911-996 Turbo

发动机

发动机位置 / 布置：	发动机后置 / 纵向布置
气缸：	水平对置 6 缸
缸径 x 行程：	100 毫米 x76.4 毫米
排量：	3600 毫升
最大功率：	6000 转 / 分时输出 420 马力
最大转矩：	4000 转 / 分时输出 554 牛·米
配气机构：	双顶置凸轮轴，每个气缸 4 个气门
燃油系统：	博世电子燃油喷射系统
发动机冷却方式：	水冷
润滑方式：	压力润滑，干式油底壳

传动系统

驱动形式：	可变转矩分配式四轮驱动
离合器：	干式单片离合器
变速器：	6 档手动

底盘

车身类型：	双门四座，2+2
底盘：	钢制硬壳式
前悬架：	麦弗逊式独立悬架
后悬架：	多连杆式独立悬架
转向系统：	齿轮齿条式，助力转向
前 / 后制动：	通风式制动盘，ABS

尺寸

轴距：	2355 毫米
长度：	4450 毫米
宽度：	1830 毫米
高度：	1275 毫米
整车质量：	1540 千克

性能

最高车速：	305 千米 / 时
0—100 千米 / 时加速时间：	4.2 秒

尽管这款车的设计初衷是公路SUV，但Cayenne即便行驶在野地中也能"处变不惊"。这得益于恰当的底盘离地高度和PTM（保时捷牵引力控制管理系统）智能四轮驱动技术。该车安装了一个能将转矩传递至前轴的四轮驱动系统，并安装了能够驱动多片离合器的伺服电动机，该系统可迅速分配传动比，在正常路况下，系统会将62%的动力提供给后轮，38%的动力提供给前轮。这款车还配备了一个中央锁定差速器和减速齿轮，因此Cayenne可谓SUV市场中的一颗明珠。无论如何，Cayenne的速度依然很快：S款车型能够达到240千米/时，而Turbo款则可达到266千米/时。更出乎意料的是，Cayenne在弯道上的抓地力几乎与911不相上下。

保时捷Cayenne S

发动机

发动机位置/布置：	发动机前置/纵向布置
气缸：	夹角为90°，V8
缸径 x 行程：	93毫米 x83毫米
排量：	4511毫升
最大功率：	6000转/分时输出340马力
最大转矩：	2550转/分时输出417牛·米
配气机构：	双顶置凸轮轴，每个气缸4个气门
燃油系统：	博世电子燃油喷射系统
发动机冷却方式：	水冷
润滑方式：	干式油底壳

传动系统

驱动形式：	四轮驱动
离合器：	干式单片离合器
变速器：	5档手动，可选配Tiptronic手自一体变速器

底盘

车身类型：	五门五座
底盘：	钢制车身
前悬架：	横臂式独立悬架
后悬架：	多臂式独立悬架
转向系统：	齿轮齿条式，助力转向
前/后制动：	通风式制动盘

尺寸

轴距：	2855毫米
长度：	4782毫米
宽度：	1928毫米
高度：	1699毫米
整车质量：	2355千克

性能

最高车速：	240千米/时
0—100千米/时加速时间：	6.6秒

动机在中速时的咆哮声浪,当转速超过5000转/分时会产生"震耳欲聋"的轰鸣声。而事实上,只需稍稍用力踩下加速踏板转速就能轻松超过5000转/分。997的内饰在用料方面也比之前更为精致,在舒适度上也有很大提高,全新设计的座椅具有更好的包裹性,仪表台更加清晰明了,而侧安全气囊也被巧妙地安装在门板中。

保时捷911-997 Carrera

发动机

发动机位置 / 布置：	发动机后置 / 纵向布置
气缸：	水平对置 6 缸
缸径 x 行程：	96 毫米 x82.8 毫米
排量：	3596 毫升
最大功率：	6800 转 / 分时输出 325 马力
最大转矩：	4250 转 / 分时输出 367 牛·米
配气机构：	双顶置凸轮轴，每个气缸 4 个气门
燃油系统：	博世 ME 7.11 电子燃油喷射系统
发动机冷却方式：	水冷
润滑方式：	干式油底壳

传动系统

驱动形式：	后轮驱动
离合器：	干式单片离合器
变速器：	6 档手动

底盘

车身类型：	双门四座
底盘：	钢制一体式车架
前悬架：	麦弗逊式独立悬架
后悬架：	多连杆式独立悬架
转向系统：	齿轮齿条式，助力转向
前 / 后制动：	通风式制动盘，ABS

尺寸

轴距：	2350 毫米
长度：	4427 毫米
宽度：	1808 毫米
高度：	1310 毫米
整车质量：	1395 千克

性能

最高车速：	285 千米 / 时
0—100 千米 / 时加速时间：	5 秒

更短，速度更快，但这款车不适合安装双离合变速器，两者并不匹配。此外，这款车的悬架系统与赛车非常相近，除完全可调之外，后下摆臂上还配有一体式球头销，能够提高悬架的反应准确性和灵敏度。不仅如此，它还采用了一系列减重措施，例如采用碳纤维发动机舱盖、有机玻璃后车窗和更轻的蓄电池，因此该车重量仅为1360千克。

毋庸置疑，这款GT3 RS在路上的表现令人咋舌，其转弯性能亦十分优异，伴随4升发动机的霸气咆哮，让人不禁产生了驾驶这款车到天荒地老的幻想。这是一款令人难以忘怀的GT3车型，一款原汁原味的保时捷旗舰车型。

保时捷911-997 GT3 RS 4.0

发动机

发动机位置 / 布置：	发动机后置 / 纵向布置
气缸：	水平对置 6 缸
缸径 x 行程：	102.7 毫米 x80.4 毫米
排量：	3996 毫升
最大功率：	8250 转 / 分时输出 530 马力
最大转矩：	5750 转 / 分时输出 460 牛·米
配气机构：	双顶置凸轮轴，每个气缸 4 个气门
燃油系统：	燃油直接喷射
发动机冷却方式：	水冷
润滑方式：	压力润滑，干式油底壳

传动系统

驱动形式：	后轮驱动，自锁差速器
离合器：	干式单片离合器
变速器：	6 档手动

底盘

车身类型：	双门双座
底盘：	钢制一体式车架
前悬架：	麦弗逊式独立悬架
后悬架：	多连杆式独立悬架
转向系统：	齿轮齿条式，助力转向
前 / 后制动：	通风式制动盘，ABS

尺寸

轴距：	2355 毫米
长度：	4460 毫米
宽度：	1852 毫米
高度：	1280 毫米
整车质量：	1360 千克

性能

最高车速：	310 千米 / 时
0—100 千米 / 时加速时间：	3.9 秒

911-991 Turbo或许并不是一款适合在城市驾驶的911车型，但也很难再找到一款像它一样可以不变的优雅姿态进行长途驾驶的高性能汽车了。它的转向灵敏而平顺，换档体验如同"电光火石"，制动盘更"坚如磐石"，更不用提所有保时捷911车型都拥有的独特魅力：在低速下Turbo款车型非常易于驾驶，如此一款舒适而适于日常使用的高性能跑车，还会有不足吗？！

保时捷911-991 Turbo

发动机

发动机位置/布置：	发动机后置/纵向布置
气缸：	水平对置6缸
缸径 x 行程：	102毫米 x77.5毫米
排量：	3800毫升
最大功率：	6000转/分时输出520马力
最大转矩：	1950~5000转/分时输出660牛·米
配气机构：	双顶置凸轮轴，每个气缸4个气门，VarioCam Plus系统
燃油系统：	电子燃油喷射系统，可变几何双涡轮增压器
发动机冷却方式：	水冷
润滑方式：	干式油底壳

传动系统

驱动形式：	四轮驱动，电动液压控制系统和自锁差速器
离合器：	干式单片离合器
变速器：	7档双离合变速器

底盘

车身类型：	双门四座，2+2
底盘：	钢制一体式车架
前悬架：	麦弗逊式独立悬架
后悬架：	多连杆式独立悬架
转向系统：	齿轮齿条式，助力转向
前/后制动：	通风式制动盘，ABS

尺寸

轴距：	2450毫米
长度：	4506毫米
宽度：	1880毫米
高度：	1296毫米
整车质量：	1595千克

性能

最高车速：	315千米/时
0—100千米/时加速时间：	3.2秒

性十足的保时捷跑车。和Boxster一样,该车配备了直接转向系统,并采用刚性更强的弹簧和减振器,防滚架也做得更扎实牢固。由于该车采用的是硬顶结构,因此整体刚性都有所提升。由此你能体验到每个转弯的驾驶乐趣,领略到从脚趾到发梢的畅快淋漓。保时捷718 Cayman面对任何路况都从容不迫,凭借精准的操控和灵敏的反应能克服任何困难。因此内饰中的细小改动,例如安装了先进的信息娱乐系统,就显得"微不足道"。接下来要做的就是决定选择6档手动变速器,还是更先进的7档PDK双离合变速器。当然,无论选择哪一款变速器,驾驶这款车的乐趣都不会减分。

保时捷718 Cayman

发动机
发动机位置 / 布置：	发动机中置 / 纵向布置
气缸：	水平对置 4 缸
缸径 x 行程：	91 毫米 x76.4 毫米
排量：	1988 毫升
最大功率：	6500 转 / 分时输出 300 马力
最大转矩：	1950~4500 转 / 分时输出 380 牛·米
配气机构：	双顶置凸轮轴，每个气缸 4 个气门，VarioCam Plus
燃油系统：	燃油直接喷射
发动机冷却方式：	水冷
润滑方式：	干式油底壳

传动系统
驱动形式：	后轮驱动
离合器：	干式单片离合器
变速器：	6 档手动，或选配 7 档 PDK 双离合变速器

底盘
车身类型：	双门双座
底盘：	钢制底板
前悬架：	麦弗逊式独立悬架
后悬架：	轻质麦弗逊式独立悬架
转向系统：	齿轮齿条式，助力转向
前 / 后制动：	通风式制动盘

尺寸
轴距：	2475 毫米
长度：	4379 毫米
宽度：	1801 毫米
高度：	1286 毫米
整车质量：	1335 千克

性能
最高车速：	275 千米 / 时
0—100 千米 / 时加速时间：	5.1 秒

2016年保时捷718 Boxster夺目上市,此时距离第一代Boxster(986车型)的首秀刚好时隔20年。718 Boxster相较于前作没有明显变化,但最大的变化恰恰是从表面所无法察觉的。当然从外观来看,前鼻线条的肌肉感更强烈,进气口和LED日间行车灯也被加大,尾灯呈新颖的条带状,并采用了三维立体LED技术而极具辨识度,两个尾灯之间安装了带有Porsche字样的黑色饰条,凸显了车尾的视觉层次感。而这款车真正的质变却是在内部,这也标志着一个时代的结束:在保时捷历史上具有举足轻重地位的中置6缸发动机被"裁掉"两个气缸,从而变成了4缸发动机。先别急着对此表示惋惜,由于安装了涡轮增压器,718 Spyder所搭载的这台2升发动机能够输出300马力,而718 Boxster S所安装的2.5升发动机则能输出更强大的350马力,而油耗水平却也比不久前降低了13%。

与此同时,祖芬豪森的工程师们还决定对底盘做一些重大改进:除了装备电子机械助力转向系统,还将指向准确性提高了10%,718 Boxster(这一名称也是向传奇车型718 Spyder致敬)还可以选配保时捷主动悬架管理系统(Porsche Active Suspension Management),从而能够主动调节减振器和降低行驶时的离地高度。718 Boxster能够降低10毫米,而更强调运动性能的718 Boxster S能够降低达20毫米,工程师甚至还通过改变底盘几何构造来提升驾驶体验。在内饰方面,新式仪表搭配PCM保时捷通信管理系统令人耳目一新,并配有手机预留装置、音频接口以及功率为100瓦的音响系统。收拢顶篷,驾驶这款车行驶在风景盎然的阳光大道上,发动机声浪不断冲击着你的耳膜,再加上快速利落、灵活矫健的动态特性,带来酣畅淋漓的驾驶体验。718 Boxster不愧是一辆令人倾心着迷的保时捷。

保时捷718 Boxster

发动机
发动机位置 / 布置：	发动机中置 / 纵向布置
气缸：	水平对置 4 缸
缸径 x 行程：	91 毫米 x76.4 毫米
排量：	1988 毫升
最大功率：	6500 转 / 分时输出 300 马力
最大转矩：	1950~4500 转 / 分时输出 380 牛·米
配气机构：	双顶置凸轮轴，每个气缸 4 个气门，VarioCam Plus
燃油系统：	燃油直接喷射
发动机冷却方式：	水冷
润滑方式：	干式油底壳

传动系统
驱动形式：	后轮驱动
离合器：	干式单片离合器
变速器：	6 档手动，可选配 7 档 PDK 双离合变速器

底盘
车身类型：	双门双座，敞篷车
底盘：	钢制底板
前悬架：	麦弗逊式独立悬架
后悬架：	轻质麦弗逊式独立悬架
转向系统：	齿轮齿条式，助力转向
前 / 后制动：	通风式制动盘

尺寸
轴距：	2475 毫米
长度：	4379 毫米
宽度：	1801 毫米
高度：	1192 毫米
整车质量：	1335 千克

性能
最高车速：	275 千米 / 时
0—100 千米 / 时加速时间：	5.1 秒

作者简介

马可·德·费班尼斯·曼菲托（Marco De Fabianis Manferto），工业设计师，毕业于欧洲设计学院，获得工业设计系硕士学位，之后在米兰理工大学专攻3D建模。他为白星出版社的诸多著作设计渲染图，包括《名车传奇：法拉利》《名车传奇：哈雷戴维森》等。他还担任过各种音乐类书籍的顾问，例如，参与编辑了白星出版社的《重金属摇滚乐：从硬摇滚到极端金属》一书。

安德烈亚·帕佩利（Andrea Papelli），记者，从小就是汽车爱好者。他的汽车生涯始于在《Auto Oggi》《Panoramauto》《Evo Italy》三家媒体做编辑。他还和《Automotive》《Autorama》《Ruoteclassiche》有过合作，其与电视节目《TV Yellow》也有合作经历。他在量产车研究及试车方面十分精通，酷爱经典车和摩托车。目前，他和Motorbox.com网站合作。

译者简介

卞亚梦

80后新锐汽车人，摄影及电子音乐狂热者；
自大学起兼任汽车及生活方式类媒体的特约撰稿人，发表原创文章逾百篇；
曾在宝马中国等汽车厂商负责传播企划多年；
曾策划、撰写和翻译多本汽车品牌书籍，包括阿斯顿·马丁、法拉利、宝马等；
现任多家广告公关公司及汽车厂商的咨询顾问、资深文案；
汽车文化类双微《爱擎海》创始人。

扫描二维码可关注"爱擎海"

PORSCHE
梦想之车
保时捷经典名车鉴赏

梦幻车史

我环顾四周却始终无法找到我的梦幻跑车，因此我决定自己动手打造一辆。

费迪南德·保时捷

保时捷的成功故事

4页图注：费迪南德·保时捷（图右）与阿尔弗雷德·纽鲍尔的合影。阿尔弗雷德·纽鲍尔于1924年成为梅赛德斯–奔驰赛车队的经理。而费迪南德·保时捷是汽车界最伟大的偶像之一，他设计的16缸发动机在20世纪30年代可谓无可匹敌。

1935年4月的一个阴雨午后，一位穿着皱巴巴衣服的男人走进了伦敦Savoy酒店的茶歇室。他的双手沾满了油污，看起来疲惫不堪，神情却很坚定。就在刚才，他将一辆Alvis敞篷车停靠在Savoy酒店门前。他坐下来没多久，旁边的两位女士开始大声谈论这位陌生男人的国籍——他用带有浓重德国口音的英语点餐，她们甚至在猜测他是否已婚。不多时，年龄较大的那位女士开始与他交谈，说她的朋友认为他一定很有趣。她首先开始自我介绍："我是可可·香奈儿，很高兴见到你。"他礼貌地回复："费迪南德·保时捷，见到您是我的荣幸。"在他们的交谈中，这位时尚设计师逐渐了解到他的职业。他正在设计一款车：一款价格平易近人、动力充沛、品质可靠的经济型乘用车。

可可·香奈儿对他的工作很感兴趣。费迪南德·保时捷说他路过伦敦是为了前往考文垂，他有一位朋友在考文垂的Alvis汽车公司工作。"我想去测试一下汽车的电路系统，弄清楚底盘和发动机的性能，这对实现我心目中的汽车梦会有所帮助。我要打造一款配有简易发动机和轻量化操作系统的汽车，一款女性也可以轻松驾驶的汽车。"可可·香奈儿问道："那脑海中是否已存在这款车的外形呢？"费迪南德·保时捷随手拿过来一张餐巾纸，用铅笔在上面勾勒出酝酿已久的汽车外形，车尾线条非常圆滑，完美符合空气动力学原理，这便是后来成为红遍全球的大众甲壳虫汽车的雏形。可可·香奈儿向费迪南德·保时捷要来这张餐巾纸，50岁的她看起来依旧靓丽夺目，而她在这张餐巾纸上的汽车轮廓旁画了一款漂亮的裙子，而裙子上还有两辆"甲壳虫汽车"在面对面"接吻"，俨然是一副别致生动的作品。且不论这个流传已久的故事是否真实，我们依然能领悟出保时捷品牌诞生至今所秉持的初衷——时尚。尽管当时的费迪南德·保时捷已经是一位经验丰富的设计师了，但后来的甲壳虫汽车才算是他的首款"大作"。

1875年9月3日，费迪南德·保时捷出生在捷克共和国的Mattersdorf小城（如今称之为Vratislavice），他对电子学具有浓厚兴趣，1897年，他设计了第一款可直接装配在车轮上的电动机。3年后，全球首款由电动机驱动的电动汽车"Lohner-Porsche"在巴黎世博会首次亮相。然而，费迪南德·保时捷并未止步于此。1906年，费迪南德·保时捷出任奥地利-戴姆勒公司的技术总监，他不但设计了多款赛车，例如，赢得1922年塔格-佛罗热公路赛的Sascha赛车，他还设计了飞机发动机、火车、消防车，甚至油电混合动力系统。费迪南德·保时捷和恩佐·法拉利不同，后者在创业之初就是一名赛车手，而前者则对技术、设计以及数据分析更感兴趣，并非局限于赛车运动本身。尽管如此，当他于1923年以技术总监和董事会成员身份受雇于戴姆勒发动机工厂（斯图加特）时，他全身心地投入到赛车开发工作中。梅赛德斯Kompressorwagen赛车之所以能够在1924年的塔格-佛罗热公路赛中取得压倒性胜利，也是源于费迪南德·保时捷对其进行的改进提升，因此他从斯图加特理工大学获得了Dr.Ing（荣誉工程博士）头衔。直到今天，这个头衔依然是保时捷公司官方名称的一部分。

在斯太尔股份有限公司（Steyr-Werke AG）短暂工作一段时间后，费迪南德·保时捷于1931年4月在斯图加特创办了自己的工作室"费迪南德·保时捷荣誉工程博士有限公司（Dr. Ing. h.c.f. Porsche GmbH）"，用以提供咨询服务和研发发动机、汽车等，而这个工作室就是保时捷成功故事的开始。首先，费迪南德·保时捷于1931年8月10日申请注册了扭力杆式悬架系统的专利。1932年，汽车联盟委托费迪南德·保时捷设计一款750千克级别的新式赛车。他设计的这款赛车被命名为"P-Wagen"（P代表保时捷），该车配备了一台具有涡轮增压器的16缸发动机，其在64场

6页图注：费迪南德·保时捷和几个工人在研究一个来自20世纪40年代生产的汽车上的机械部件。水平对置发动机是甲壳虫和保时捷的成功所在：这种发动机不但输出平稳，而且能够降低汽车的重心。

7页图注：为了生产甲壳虫汽车，他们在沃尔夫斯堡建立了一个工厂（在当时这个规模算是超大型）。图片是1939年工厂在建时的景色。而今天，该厂每年可生产80万辆大众汽车，雇佣工人超过5万人，今非昔比。

比赛中取得了32场胜利因而成为传奇经典。1934年6月22日，费迪南德·保时捷迎来了他人生的转折点：德国汽车工业协会委托费迪南德·保时捷设计工作室设计一款平民化的汽车，这也孕育了大众汽车公司（Volkswagen，Volks意指人民大众，wagen意指汽车）的诞生。四年后，大众汽车公司开始在沃尔夫斯堡建设厂房，但工厂还未开始投产，第二次世界大战就爆发了。而此时德国前线部队也需要坦克装备，费迪南德·保时捷设计工作室也受委托设计了一款超重型鼠式坦克。

1944年，为避免英国的轮番轰炸，工作室从斯图加特转移到了奥地利卡林西亚州的格明德小镇（Gmund）。费迪南德·保时捷就在这个用老旧锯木场改造的工作室内一步步实现了他的梦想，尽管过程十分曲折：后来费迪南德·保时捷被（第二次世界大战）同盟国监禁了26个月，他的儿子费迪南德·安东·保时捷（外号"菲利"）在第二次世界大战后期也被监禁。后来，菲利先于父亲出狱，并在1946年7月回到卡林西亚掌管保时捷公司。

菲利曾灵光一现：在亲自驾驶甲壳虫上路测试之后，他要在

大众甲壳虫的基础上创造一款运动型跑车。以此,他和设计师卡尔·拉贝、厄尔文·柯曼达一起为第一款保时捷356车型的诞生奠定了基础。这款车的铝质车身由全手工打造,该车在格明德小镇生产50辆后,公司在1950年春迁回斯图加特。但是他们之前的工厂仍被美国人占用,所以他们向罗伊特车身制造厂商量租用工厂,也多亏了菲利·保时捷和大众总经理海因兹·诺德霍夫签订的一份协议,保时捷才能在这里建立他们的第一个正式工厂。事实上,大众不但向保时捷提供制造356所需的配件,而且还通过大众经销商网络销售该车并提供技术支持。

费迪南德·保时捷的一生可谓家庭美满、事业有成,他的两个

理。由于家庭成员之间对谁来出任公司管理者争执不断,菲利和路易斯决定自他们之后保时捷家族的人都不得在保时捷公司工作。费迪南德·保时捷的孙辈们——时任研发总监的费迪南德·皮耶希(路易斯和维也纳律师安东·皮耶希的儿子)和时任生产总经理的汉斯·皮特·保时捷以及设计师费迪南德·亚历山大·保时捷都离开了公司。但是,普通股仍由保时捷和皮耶希家族所持有。菲利一直是监事会主席,于1990年还出任董事会的荣誉主席,直到他于1998年3月27日去世。1992年,文德林·韦德令被任命为董事会发言人;1993年,他出任董事会主席,他在这个职位上一直担任至2009年。2012年7月5日,大众集团以44.6亿欧元收购保时捷余下的50.1%股份。因此,保时捷也成为大众旗下诸多品牌的一员,也是世界上盈利率最好的汽车品牌之一。

孩子——路易斯·保时捷和菲利·保时捷给他带来了无数欢笑。1951年1月30日,费迪南德·保时捷在斯图加特去世,享年76岁。后来,他的儿子菲利接管了公司。而保时捷之所以能成为我们今天所熟知的跑车传奇,菲利也是功不可没的。1972年这个斯图加特工厂转变成股份制公司,在这之前菲利一直出任保时捷的总经

8-9页图注:1944年,为避免同盟国的连番轰炸,保时捷总部转移到了卡林西亚州的格明德小镇(Gmund)。这里是其第一款车型——356(采用管式结构车架、中置发动机)的诞生地。

9页图注:两代同框:费迪南德·保时捷向其孙——费迪南德·亚历山大·保时捷和外孙——费迪南德·皮耶希展示356模型。后来费迪南德·皮耶希也推动了奥迪和大众汽车的发展进程。

10-11页图注：赛车运动一直是保时捷基因的重要组成部分。尤其是在耐力赛中，德系赛车往往以其高性能和可靠性在众多赛车中脱颖而出。图片中是正在参加1961年大奖赛的保时捷-阿巴斯356B Carrera GTL赛车。

梦想之车 | 保时捷经典名车鉴赏

2009年，保时捷博物馆在斯图加特的祖芬豪森建成：这是一个仅用三个V形支柱支撑的未来感十足的巨大钢体结构。博物馆里用80辆车回顾了保时捷的发展史，从处女作到最新的赛车都陈列在旋转式展台上。第一层是塑造梦想的车间：基本上所有展出的车辆都可正常使用，它们不仅重演了历史，还可以参加比赛。私人车主也可以把私藏的保时捷古董车带到这里进行维护或修复。这是无可替代的专业服务，虽然价格昂贵却也无可厚非：这也是70%已出厂的保时捷仍可保持良好车况的原因。

这一切都源自保时捷对比赛的热爱，这个永恒的梦想一直持续到今天——保时捷在国际汽联主办的世界耐力锦标赛（包括勒芒24小时耐力赛和其他极具挑战性的赛事）中载誉不断。例如闻名遐迩的勒芒24小时耐力赛——这个困难重重、赛道漫长、比赛激烈的赛事塑造了保时捷的鲜明特征：起动开关位于方向盘左侧。这就意味着，在勒芒24小时耐力赛即将进入角逐，当赛车手飞奔进入驾驶舱时，驾驶保时捷的赛车手会更有优势：赛车手可用左手起动赛车的同时用右手换一档。这一巧妙的设置可以让赛车手领先宝贵的片刻时间。来自祖芬豪森的赛车也的确在勒芒24小时等耐力赛中更具优势：长距离驾驶的超凡可靠性意味着保时捷赛车要比其他对手更容易赢得比赛。然而最初的时候赛车手经常无视死亡，因此赛车事故时有发生，不少优秀的赛车手被淹没在时间洪流之中。在1951年的勒芒24小时耐力赛中，采用了轻型铝质车身的保时捷356率先抵达终点，将组别冠军奖杯收入囊中。同年，保时捷取得了变速器同步环技术的专利，这一创新可实现汽车在日常驾驶时平稳换档，而在赛车时又能快速换档。在设计这款车时，德国设计师并没有十分注重动力和速度，尽管356车型能达到160千米/时的速度，但优先考虑的是确保这款车能轻松完成比赛且不受任何损伤。不得不说，他们这个策略是非常明智的。

　　两年后,保时捷550车型在"臭名昭著"的纽博格林赛道上取得了它的第一个冠军。该车搭载一台位于后轮前部的水平对置4缸发动机,将发动机置于此可以在车速达到极限时提高该车的反应灵敏度,除此之外,这款550车型也是受益于5档变速器和精密的气缸盖:每个气缸配2个火花塞,如此燃烧效率和性能都提升不少。保时捷550 Coupe硬顶车型也参加了1953年的勒芒24小时耐力赛,该车重550千克,搭载一台78马力(1马力约等于0.735千瓦)的大众甲壳虫水平对置发动机,该车顺利赢得了同级别冠军奖杯!后来,其发动机采用了4凸轮轴设计,动力加大到110马力,因此该车又在1954年和1955年蝉联了该赛事同级别冠军。1956年是550A车型的转折点,它在翁贝托·马里奥里的驾驶下取得了塔格-佛罗热公路赛的胜利。该车采用了能大幅提高刚性的新式钢架底盘,搭载了一台1.5升135马力的发动机和优化后的悬架。除此之外,550A在同年还取得了勒芒级别冠军和总排名第5的好成绩。

12页图注:相较于动力,由德国赛车手沃尔特·格洛克参与设计的保时捷550 Spyder赛车更注重轻量化。1954年,该车赢得了Mille Miglia一千英里耐力赛的同级别冠军。

12-13页图注:1954年,美国著名演员詹姆斯·迪恩驾驶保时捷550 Spyder在加利福尼亚参加一场比赛。1年后,他驾驶该车发生车祸,不幸去世。

1957年，保时捷718 Spyder诞生，即使在多年后，该车依然与Boxster和Cayman车型齐名。这款车起初的赛车成绩并不理想，1958年保时捷718 RSK在勒芒24小时耐力赛上取得了不俗战绩：贝尔和赫尔曼取得了总成绩排名第三的成绩，巴斯和弗里尔取得了总成绩排名第四的成绩。这款保时捷赛车甚至对阿斯顿·马丁、捷豹、法拉利等"巨鳄"制造了不小的压力，取得了1.5升和2.0升赛车级别的团队冠军。至此，保时捷已经是家喻户晓的品牌了，显赫名声已远抵大西洋彼岸。

马克斯·霍夫曼——一个在第二次世界大战后期移民到纽约的奥地利人，他是保时捷发展史上的一个关键人物，正是他把保时捷这个德国汽车品牌带到了美国。霍夫曼曾做过一段时间的职业赛车手，后来他在美国从事进口欧洲汽车的生意，当然这其中也包括保时捷356车型。1950年，他只进口了3辆保时捷；1951年，数量增至32辆；到1954年，数量增至600辆！在当时，一辆车4000美元的售价仍算高昂，但是这些跑车主要是美国本地车手买来参加比赛的，由此保时捷在可

靠性（可靠耐用在美国市场是基本诉求）方面的美誉迅速传播开来。后来，为了降低价格门槛，霍夫曼劝说保时捷生产了一款356车型的基本款：356 Speedster由此诞生。詹姆斯·迪恩是365 Speedster的首位车主，然而他在1955年驾驶保时捷550 Spyder时遇到车祸，不幸去世。

据说，当初是霍夫曼向费迪南德要求在356车身上加一个徽标：之前，保时捷汽车只在后机舱盖和前鼻处镶有PORSCHE字样。因而，保时捷创始人最终决定将斯图加特盾形徽标中的黑马和巴登-符腾堡州的盾形徽标融合到保时捷徽标中。直到今天，人们只要一看到这个徽标就立马认出这是保时捷汽车。

14页图注：一辆车门上带有111编号的保时捷718 RSK赛车在1000千米纽博格林赛事上以第三名的成绩穿过终点线。该辆赛车由两名天才赛车手——格雷汉姆·希尔和汉斯·赫尔曼共同驾驶。

14-15页图注：在1958年勒芒24小时耐力赛上，两辆正式参赛的保时捷718s取得了总排名第三和第四的好成绩，不但赢得了团队冠军而且摘得了1.5升和2.0升发动机级别的桂冠。

　　20世纪60年代初，保时捷在赛场上凭借强劲而可靠的车辆性能优势赢得诸多比赛，从而树立了非凡名誉，而这一时期也是保时捷标志性车型911的"酝酿"阶段。由于保时捷品质可靠，你可以在公路上高速行驶而不必担心对汽车造成损伤。实际上，"可靠性"在当时还是一个比较抽象的概念。随着大量资金被投入到勒芒24小时耐力赛中，保时捷的发展势头十分迅猛。因此，1961年祖芬豪森的决策者决定要在一级方程式赛事中小试牛刀。但是保时捷对方程式赛事的热情来得快，去得更快，2年后，保时捷就退出了方程式赛事。由此可见，保时捷还是专注参加耐力赛，在耐力赛中才能展示它的卓越优势。1966年，保时捷906在西西里赢得了塔格-佛罗热公路赛的冠军。1967年，保时捷907车型闪亮登场，该车是第一辆在勒芒24小时耐力赛上实现平均速度超过200千米/时的保时捷赛车。直到20世纪60年代末，保时捷才亮出了它的王牌：性能超凡的保时捷917。为了满足Group 4组别的规则要求（国际汽联在1971年之前实行的规则），保时捷917采用了全新设计，正是这款赛车创建了保时捷和勒芒之间时至今日仍牢不可破的纽带。当然这是在赛场上赢来的！但更离不开费迪南德·皮耶希的精妙设计。他把911 R车型的发动机2合1，创造出一台彪悍的4.5升12缸水平对置发动机，在8000转/分时可迸发出令人难以置信的520马力，这对保时捷来说是史无前例的。轻量化设计同样令人瞩目：铝合金架构底盘、聚酯纤维制成的车身、大量采用镁钛合金、在空间狭小的驾驶室内采用轻质巴沙木制作的部件。最终，这款车仅重800千克，其性能令人刮目相看。1969年，保时捷917首次参加斯帕1000千米大赛，但无果而终：所有车手都对917高速行驶时略显糟糕的表现感到担忧，他们更倾向于动力稍弱一点的老款908车型。在这一年中，车手们多次放弃917而选择了908。为了解决这个问题，保时捷推出了917 K（Kurzheck，德语意指短尾巴）短尾车。敞开式的后车身设计使发动机暴露于"众目睽睽"之下：尽管牺牲了一部分空气动力学优势，但这个设计大大提高了后轴的稳定性和发动机的冷却能力。

16页图注：保时捷917尽管不如910成功，但它依然在众多久负盛名的赛事中为保时捷赢得了多个冠军，例如代托纳（Daytona）24小时耐力赛和赛百灵（Sebring）12小时耐力赛。

17页图注：保时捷906搭载了1台拥有220马力的8缸水平对置发动机，净重仅为580千克，在1966年勒芒24小时耐力赛中取得第五、第六和第七的好成绩，赛绩只比更强劲的福特GT40赛车稍稍逊色。

McQUEEN DRIVES PORSCHE

12 HOURS OF SEBRING 1970
Prototype winner and 2nd overall on Porsche 908

HOLTVILLE RACE 1970
Overall winner on Porsche 908

PHOENIX RACE 1970
Overall winner on Porsche 908

梦想之车｜保时捷经典名车鉴赏

1970年，保时捷和法拉利在勒芒24小时耐力赛上公平对决。7辆保时捷917对战11辆法拉利512，24小时后，汉斯·赫尔曼和理查德·阿特伍德驾驶着编号为23的短尾保时捷赛车率先冲过终点线，该车装备了塑料外壳，发动机可输出580马力。杰拉德·拉鲁斯和威利·努森驾驶着长尾保时捷917赛车取得了第二名的成绩，该辆赛车的涂装颜色鲜亮，是赛车运动史上出了名的"嬉皮士赛车"。同年，斯蒂夫·麦奎恩拍摄了电影《勒芒》，并在1971年正式发行该电影。1971年，保时捷依然激情满满地参加勒芒24小时耐力赛。在49辆参赛赛车中，有39辆镶有保时捷车标：这一纪录至今日仍未被打破。在开赛之前，技师们通常把注意力放在赛车稳定性上，在一次赛前试车中，德里克·贝尔驾驶一辆长尾保时捷917赛车创造了396千米/时的超高速度。在正式勒芒赛中，赫尔穆特·马尔科和基斯·范·莱内普率先冲过终点线，他们驾驶着短尾保时捷917以222千米/时的平均速度完成了397圈（5335千米）。这一纪录一直保持了39年之久。

18页图注：这张海报是为了庆祝斯蒂夫·麦奎恩驾驶保时捷赛车所取得的胜利，它也标志着1971年电影《勒芒》的正式发行。斯蒂夫·麦奎恩不但是一位伟大的演员，还是一个出色的赛车手。他对保时捷的热爱促使他驾驶保时捷908在豪特维尔（加利福尼亚州）和凤凰城（亚利桑那州）参加比赛，并赢得了冠军。而且他还在1970年的赛百灵12小时耐力赛中赢得了亚军。

19页图注：电影《勒芒》的诞生源自于斯蒂夫·麦奎恩对保时捷的热爱，这部电影是世界上最著名的勒芒24小时耐力赛纪录片。为了拍摄该电影，据说这位美国演员甚至偷偷驾驶装了摄影机的29号赛车参加了勒芒24小时耐力赛。

梦想之车 | 保时捷经典名车鉴赏

1974年,标志着新纪元的开始:涡轮增压器闪亮登场。在当年的勒芒24小时耐力赛上,保时捷推出了新款911 Carrera RSR Turbo赛车。得益于中冷器、镁合金曲轴箱、钛合金连杆和进气门部件,这台6缸水平对置发动机能够向后轮输出惊人的500马力。比赛刚开始,911就一路领先,但好景不长,Matra赛车后来居上,紧紧保卫着头名位置,这辆法国赛车看起来似乎很轻松就能穿过终点线,但是Matra赛车在比赛进行到一半时就不得不在加油维修站暂停:变速器坏了。之后,就发生了令人出乎意料的一幕:保时捷加油维修站派出2名专业传动技师为这个法国车队进行维修,20分钟后Matra赛车的齿轮箱完好如新,继续向胜利进发。难道是保时捷车队头脑不清醒吗?并非如此,Matra赛车的变速器是由保时捷提供的,而对保时捷来说可靠性永远排在第一位。

1976年,保时捷又取得了一次革命性进展:936车型(550马力,净重765千克)问世。同年,该车在杰克·埃克斯和基斯·范·莱内普的轮流驾驶下赢得了勒芒24小时耐力赛冠军。因此,这辆车成为第一辆同时搭载水平对置发动机和涡轮增压器的勒芒冠军赛车。与此同时,涡轮增压器也开始应用在保时捷量产车上,并成为其量产车的一大特色。最经典的莫过于930系列的911 Turbo车型,该车型是第一个采用涡轮增压器的跑车。时至今日,涡轮增压技术越发盛行。

20世纪80年代初是保时捷雄霸赛场的年代,凭借专门为满足Group C组别规则而设计的956车型,保时捷在1982年的勒芒24小时耐力赛中取得前3名,摘得3连冠。1983年,保时捷再一次展现了无可比肩的王者风范:排名前10的赛车中有9辆保时捷956;1984年,勒芒24小时耐力赛的前7名全部是保时捷956。在这期间,保时捷创造了一系列纪录,其中包括:1985年,赛车手汉斯·约阿希姆·斯塔克驾驶一辆搭载700马力发动机的962C创造了勒芒史上自有纪录以来的最快杆位圈速——3分14秒80。1986年,双离合变速器问世,在当年勒芒24小时耐力赛上排名前10的赛车中保时捷占据前9名。

20-21页图注:保时捷936车型整体呈流线型,采用6缸涡轮增压发动机,能够输出520马力。杰克·埃克斯驾驶这款车在1976年、1977年和1981年赢得了勒芒24小时耐力赛的冠军。

22页图注：Joest车队——现代奥迪的勒芒官方车队，在20世纪80年代曾是保时捷在耐力赛中最强劲的对手之一。1984年，该车队的赛车手亨利·佩斯卡罗和克劳斯·路德维格驾驶保时捷956赢得了勒芒冠军。图中是1989年参加勒芒24小时耐力赛的保时捷962C赛车。

1986年也是保时捷959的诞生年，据说该款车的诞生是因为杰克·埃克斯想要一辆适合参加经典拉力赛的赛车，保时捷听从他的建议后设计制造了该款车。959技术先进，经它应验的新技术后来也被移植到标准量产车型上，例如四轮驱动系统和双涡轮增压器。1985年，3辆959参加了巴黎-达喀尔拉力赛，不幸的是3辆959都因机械故障而被迫退出比赛。但保时捷不惧挫折，1986年保时捷再次派出3辆959参加巴黎-达喀尔拉力赛，由赛车手美特格、埃克斯和技术工程师罗兰德·库斯莫尔（实则保时捷雇佣他为其他2辆车提供维修支援）分别驾驶3辆车，经过激烈角逐，他们分别取得了冠军、亚军和第六名的好成绩，959终于一雪前耻！这3辆959都装载了加强型底盘，升高了悬架，搭载了一台400马力发动机和一个能"喂饱"大胃口双涡轮增压发动机的330升超大油箱。但这一届巴黎-达喀尔拉力赛上也留下了令人悲痛的时刻，该赛事的创始人泽利·萨宾在一次直升机坠毁事故中不幸丧生。

尽管保时捷的整体表现是成功的，但在20世纪80年代后期的赛场上却不比之前那般出尽风头：尽管962C赛车在1987年再次赢得了勒芒冠军，但从1988年直至1993年间，保时捷捧回的是一个又一个亚军奖杯。是什么改变了保时捷的好运？答案很简单：为了参加美国CART锦标赛，保时捷从前一年就开始研发单座赛车的发动机。1994年，国际汽联新增了3个组别：勒芒原型车组别、勒芒GT1组别和勒芒GT2组别。保时捷并没有因此而惊慌失措，因为他们的工程师很快就发现，只要针对962 C车型稍加改动就能符合GT1组别的规则要求：其街

23页图注：在勒芒和所有耐力赛中，进站策略是至关重要的。这些进站时间不仅用于更换轮胎和加油，还用于更换赛手和快速检查赛车状况。图中是1985年Joest车队的956B赛车进站时的情景。

道版车型Dauer 962应运而生。而它的赛车版净重只有1000千克，并首次安装了氙气前照灯，夜间能见度大幅提升。经过长达24小时的激烈角逐，保时捷962在1994年的勒芒赛上再次摘得了冠军。1996年，911 GT1首次角逐勒芒24小时耐力赛，该车是第一款搭载中置发动机的911车型。保时捷再次将该车作为一款实验用车，参加勒芒24小时耐力赛同样是为了测试即将应用在所有911量产车型上的新技术。该车除了搭载一台能输出600马力的3.2升6缸双涡轮增压水平对置发动机外，还装配了拥有8个制动卡钳、直径为380毫米的碳陶制动盘。为了减轻车重，该车采用了碳纤维单壳式结构，整个车身由增强型碳纤维材料制成：整车重量为970千克。而它的街道版同样令人敬畏，尽管街道版仅限量打造了21辆，却是保时捷为狂热的粉丝和收藏家们专门提供的。如今，这些街道版"尤物"可谓价值连城！

直到2015年，保时捷才再一次赢得勒芒24小时耐力赛的冠军：赛车手尼科·霍肯伯格、厄尔·班贝尔、尼克·坦迪驾驶着919 Hybrid率先冲过终点线，其平均速度高达224.039千米/时。2016年赛车手罗曼·杜马斯、马克·利布和尼尔·贾尼驾驶保时捷成功卫冕。当时这辆赛车所应用的双涡轮增压技术非常超前：919赛车搭载了一台2.0升V4涡轮增压汽油发动机，其最大输出高达500马力，而该车还拥有一颗"电动心脏"，由安装在前轴的高能效锂蓄电池供电。此外，该蓄电池还起到平衡车辆前后配重的作用。这颗"电动心脏"能向前轮输送超过400马力，当它工作时也将919 Hybrid赛车变为四轮

24页上图图注：2015年，凭借设计复杂、技术先进、速度超快的919 Hybrid赛车，以及德国赛车手尼科·霍肯伯格、澳大利亚赛车手厄尔·班贝尔和英国赛车手尼克·坦迪的高超驾驶技术，保时捷再次摘得勒芒24小时耐力赛的冠军奖杯。

24页下图图注：能赢得勒芒24小时耐力赛是所有赛车手职业生涯中最璀璨的篇章，因为它不仅考验赛车手的高超驾驶技术，还需要承受巨大的身心压力。2016年，保时捷蝉联了勒芒24小时耐力赛的冠军。

24-25页图注：2016年，凭借919 Hybrid 2号赛车的超凡实力，以及法国赛车手罗曼·杜马斯、德国赛车手马克·利布和瑞士赛车手尼尔·贾尼的过人驾驶技术，保时捷再一次登上拉萨特赛道（隶属于勒芒赛道）的冠军宝座。至此，保时捷已在勒芒24小时耐力赛中赢得了18个冠军头衔。

驱动。在汽油发动机和电动机共同运行下,其最高速度可达340千米/时,而整车重量却只有870千克。

当然,除了比赛,保时捷更注重的是它的产品,这也是保时捷的使命所在:令驾驶者活力十足的日常公路跑车。你可以每天开着祖芬豪森出品的汽车去上班(就像一则有趣的老广告所传达:开着保时捷上下班,不但有更多时间吃早餐,而且还能早早回家吃晚餐),也可以在周六晚上载着恋人前往剧院,还可以在周日开着它在赛道上疯狂一整天。所有这些活动只需一辆保时捷就足够,而且不牺牲驾驶舒适性。自1948年起,保时捷就致力于提高驾车舒适性,以前如此,现在如此,将来更是如此。保时捷的传奇声誉是逐年积累的,因此它的成功根基稳固而牢不可破。而在声誉的背后,就是我们提及多次的可靠性。当然,还有它的高性能:保时捷911 Turbo S动力达580马力,速度可达330千米/时,但是在低速状态下,

任何人都可以轻松驾驭它。当然，位于祖芬豪森的保时捷总部在过去也犯过一些错误，也有判断不准的时候：实际上完美也并不存在。例如，保时捷911家族的996款车型就没有被粉丝真正接受：并非因为该车的发动机从空冷改成了水冷，而是因为那款"奇葩"的前照灯，讨厌这款前照灯的人给它起了个绰号—"煎蛋"。后来，997款车型又恢复了经典的圆形"青蛙眼"前照灯，事实证明，经典元素是永远不会错的。

保时捷卡宴（Cayenne，在西班牙语中意为"辣椒"）在亮相之初引起了巨大轰动，后来卡宴很快成为保时捷销售额的中坚力量。尽管它不太像你平常所认知的SUV：除了卓越的性能—首款卡宴Turbo的最高车速可达280千米/时，它在非平整路面上的越野能力也很好。高速和越野看似矛盾，而卡宴在这两点上做得都非常好。如今，它的姊妹车型Macan也赢得了那些被保时捷品牌所吸引的新客户。和同类车型相比，尽管它也配有五个座位和一个容量较大的行李舱，但Macan更加紧凑，而且从美学角度看，Macan或许要比卡宴更吸引人，同时该车在弯道中可以带来更棒的驾驶乐趣。在它的发动机罩下是一台奥迪Q5发动机，但它的动力输出要比Q5大一些，而Macan Turbo车型的400马力似乎就有点过剩，很多人选择退一步—搭载柴油发动机的Macan，如此可在油耗相对较低的情况下提供良好的性能，也不会牺牲任何驾驶乐趣。Macan在印度尼西亚语中意为"老虎"：

这辆中型保时捷SUV时刻准备"虎跃而起"，这个含义值得被铭记。

在保时捷家族的发展史上诞生了多款911车型，在现实生活中、在杂志上都能一瞥其魅力。自1963年第一款901车型（名称后来改为911，因为中间带0的车型编号已被法国标致汽车注册）诞生以来，每一款新车都是保时捷品牌成长中的重要一步，

而每一步迈出得都刚刚好。尽管当今的汽车技术已大幅提升,但保时捷汽车的外形始终对其原始设计忠贞不渝。对原始设计的传承已见成效一大大强化了品牌的辨识度。至今仍记得那场在保时捷博物馆前举办的911五十周年纪念展,专门为这一活动设置的小型看台上坐满了名人,保时捷员工和普通观众挥舞着带保时捷徽标的旗帜,他们对保时捷的狂热仿若变成一种职业,

26页图注:Macan是保时捷SUV设计概念的完美典范:它有着令人第一眼就亢奋的外形气质,并且拥有可媲美轿跑车的性能,却比后者更加实用,行李舱空间也更大。

26-27页图注:今天,所有制造保时捷汽车的工厂都严格遵照高品质标准,而奥秘的一部分是生产线上应用了高精密机器人作业。Macan车型是在德国莱比锡工厂制造的。

更成为他们生活的一部分。琳琅满目的保时捷911古董车在巡游中发出的轰鸣声令人心潮澎湃。品牌的力量已根植在员工的内心深处，而员工也愿意为创造汽车杰作贡献自己的力量。如果有幸参加晚间聚会，除了有机会在博物馆中悠闲参观经典车型，还可以发现保时捷带来的惊喜。当走进博物馆的工作车间，原本用于修复古董车的机器设备被挪到大厅两侧，空出来的地方正好举办一场盛大的自助晚宴。试想，站在一辆964 RS和一款928旁，一边享受美食名酒，一边品鉴名车，这是再幸福不过的时刻。当然，911也并非一帆风顺。首先，它曾遇到行驶动力学的难题。为了解决第一款911车型在高速行驶状态下的稳定性问题，保时捷的工程师甚至在车前安装了实实在在的压载物，用以增加前鼻的下压力。后来推出的多款Turbo车型和GT2车型，让911系列车型中的几款车背上了"寡妇制造者"的名号。当然，随着时间的推移以及科技在悬架和动力学领域取得的巨大进步，这些问题都已迎刃而解。

如今的911驾驶起来可以很轻松惬意，即使在极速状态下也不需要高超的驾驶技术。但如果换成诸如996 GT2，那你就必须打起精神，因为在高速下该车要比普通版911"凶悍"许多。或许测试一辆车的最佳场地就是那看起来"永无止境"的纽博格林赛道，而保时捷经常定期在这里测试它的所有车型。如果一款车能顺利通过这里上下起伏的"陡峭"路面，那么它一定也会顺利通过世界上的其他公路。那些对塑造911荣耀光环有所帮助的特别版车型价格高昂，其背后的原因也是产量低。况且，谁不想拥有一辆Carrera 2.7 RS或者930 Turbo呢？但近年来，911不得不时刻提防"手足相残"。尤其是Cayman：作为

28-29页图注: 自第一款富有传奇色彩的911车型问世以来,已经过去半个多世纪,但是你仍能在今天的最新车型中发觉它的身影。毕竟,当时设计这款车的理念是:一个不依赖粗俗手段就能吸引眼球的经得住时间考验的经典外形。

29页图注: 费迪南德·亚历山大·保时捷(绰号"巴茨")设计了第一款911的外形。其实最初想法是把这款车做成四门四座的传统轿车格局,幸运的是,设计师又决定将其做成2+2两门四座的跑车造型,这出人意料地提升了该车的美学表现。

Boxster的"直系后裔",该车采用了中置发动机布局,由此本来可比911更快、更灵活、更犀利,但设计师并没有沿着这个方向设计,事实证明他们的策略是英明的,这就是为何性能最强的Cayman R也"仅"有330马力。另一个例子:977 GT3 RS 4.0的底盘原本可以轻而易举地承受更多动力,设计师却没有这么做,但这个车型的魅力仍是无可匹敌的:可输出500马力的发动机是自然吸气6缸跑车发动机的最新研发成果。

如今,911系列的全部车型均安装了涡轮增压发动机:保时捷征战勒芒24小时耐力赛数十载,很多赛车都安装了涡轮增压发动机,多年的经验让保时捷在涡轮增压发动机的应用方面得心应手,尽管所有相关宣称口号都是对准了减少污染、降低油耗。诚然,保时捷发家史上可不只911这一个系列,祖芬豪森总部成功推出的许多经典车型直到今天依然独一无二、卓越非凡。例如,采用变速驱动桥的车型就是一个佐证,这些车以不同寻常的机械构造为基础打造,采用一个连接变速器、后轴差速器以及前置发动机的变速驱动桥,以此实现完美的前后重量分布。

尽管后置发动机的911系列是保时捷家族的至尊经典,但

30页上图图注:尽管911车型用了12年时间才使累计销量达到10万辆,但价格更低的924车型只花了4年时间便实现了同样的数字。924车型搭载的170马力涡轮增压发动机性能卓越,该款发动机也成为924 Carrera GTP勒芒赛车的基础。此处是一张1979年的广告照片。

30页下图图注:924是保时捷历史上绚丽多彩的篇章,采用了包含变速器、后置差速器和前置发动机的动力总成,整车重量分布堪称"完美"。

31页图注:保时捷924的发动机和奥迪100以及大众LT车型的配置一样。924的悬架臂来自高尔夫(Golf),麦弗逊(悬架)式前轴来自甲壳虫(Beetle),该车采用大批量生产的配件用以降低成本。

前置发动机的924、944、968和928车型也当属保时捷历史中的另一大章节。如果你认为这些车型只是"虾兵蟹将"，只是为了突出911的传奇地位而创造，那你就大错特错了。举一个实例：911花了将近12年时间才实现累计销量10万辆，而924仅用了4年多的时间就达到相同数字，也绝非只是因为924价格相对平易近人。再比如928车型：安纳托尔·拉派恩设计的车身线条在今天看来依然时尚而不落伍。1977年，928在日内瓦国际汽车展上首次公开亮相，设计师拉派恩这样评价自己的作品："人们对常规汽车会很快产生厌倦，但928不同，它多年以后依然能够保持魅力不减。"还真让他说中了：直到1995年928停产之前，它富有朝气的车身线条都没有大变化。此外，设计师把这款车诠释为不但在长距离驾驶中可以满足舒适性和高速的需求，同时还可为驾驶发烧友提供极致乐趣：长长的发动机罩下那台V8发动机虽然刚开始只有240马力，却印证了设计师的意图。当年上市后，很多奔驰的客户都决定买一辆保时捷928，因为它不仅速度快，还能让驾驶者感到更安全—尤其在转弯路段，当脚离开加速踏板，该车的Weissach后轴能有效减少转向过度。事实上，从一开始928就已脱离了911的影子，开始朝着奢华GT跑车的方向发展，事实证明它选对了。这款车在保时捷客户群中拥有极高的忠诚度，由此它对保时捷的重要性可见一斑：只要开过这款车的人，就会爱上它。杰克·埃克斯也不例外，这位优秀的前F1方程式赛事及巴黎–达喀尔拉力赛赛车手宣称928是他当时见过最好的GT跑车。

尽管959车型因研发采用了多种全新技术而声名显赫，例如领先的四轮驱动系统和双涡轮增压发动机，但是Carrera GT才是保时捷有史以来第一款令人热血沸腾的公路超级跑车。于2003年发布的Carrera GT超级跑车的底盘采用强度高、质量轻的碳纤维制成，2片可拆卸式硬顶同样采用碳纤维制成，为向传奇车型917致敬，该车手动换档的球形手柄采用巴沙木制成。更重要的是，该车搭载了一台由保时捷赛车运动部承担研发的中置V10发动机，最大功率可达612马力，而该车仅重1380千克，由此Carrera GT的最高速度可达334千米/时。在拉力赛冠军车手沃尔特·罗尔的驾驶下，这款德国超级跑车在纽博格林北环赛道上取得了7分32秒44的惊人单圈用时，它是保时捷雄厚实力的最佳证明。随着超级跑车市场的蓬勃发展，它的继任者918 Spyder应运而生，其设计灵感同

32页图注：保时捷Carrera GT超级跑车搭载了赛车专用的V10发动机，功率高达612马力，车体采用大量强度高、质量轻的碳纤维，整车重量仅1380千克，其车速可轻松超过300千米/时。

样源自赛车运动。这款车被植入了保时捷跑车的未来—混合动力系统，因此918的技术进步是空前的。该车所搭载的4.6升V8发动机能够最大输出功率608马力，而由于加载了混合动力系统，它的功率由608马力增加到880马力，平均油耗却和经济型汽车不相上下，令人吃惊。这是如何做到的呢？秘密就在于它的制动能量回收系统，它能把能量传送到位于油箱和发动机之间的电池组中（重量为100千克）。

位于斯图加特的保时捷总部声称，混合动力不仅是赛车的未来发展方向，同样也是量产车的发展方向。甚至，我们可以预见在不久的将来会量产一款纯电动的Panamera。保时捷插电式混合动力豪华轿车Panamera S E-Hybrid已经问世：尽管该车最高速度可达270千米/时，在纯电动模式下速度也可以超过130千米/时，但该车的综合平均油耗仅为3.1升/100千米。于2009年推出的这款大型四门轿车，尽管看起来不是很雅致（这款车主要针对中国和美国市场设计，其消费者偏爱大型旗舰轿车），但它令保时捷成功进入旗舰四门轿车这一竞争激烈的领域，使得保时捷可以与奥迪A8、宝马7系和奔驰S级轿车进行正面竞争。然而相对而言，保时捷在驾驶体验方面更突出，你可以长距离高速驾驶它而不会感到疲劳，抵达目的地后你会感觉就像刚开始驾驶时那般神清气爽。其性能优越，即使经过一连串转弯路段，它也不会有丝毫"拖沓"。当然，这款旗舰四门轿车的魅力仍然无法媲美911系列，后者总能快速吸引到观众的注意力—人们为那性感撩人的车身

梦想之车 | 保时捷经典名车鉴赏

32-33页图注:保时捷918混合动力超级跑车整体输出功率可达880马力,最高速度可达345千米/时,该车集保时捷勒芒赛车技术的结晶于一身。

曲线、优雅精致的内饰、独有的发动机轰鸣声（这些年来保时捷已形成了自己独特的发动机音色）所深深着迷。不得不说，尽管911采用了"看似不正确"的机械布局，但它经受住了时间的检验，911非常易于驾驶，即使非赛车手也可轻松驾驭，这也实属难得。希望它矢志不渝地进步，并在此过程中保留和传承精髓。有充分的理由相信，未来还会有更多更棒的保时捷产品逐一登场—外形优雅绝伦、技术先进、驾驶起来令人激情澎湃的汽车。无论何时何地，当你驾驶着一辆保时捷，载着你的朋友或家人，行驶在依傍海边的蜿蜒公路上，落日的余晖洒满地平线，此情此景，夫复何求？

34页图注：保时捷Panamera插电式混合动力汽车的蓄电池可以用普通插座进行连接充电。在纯电动模式下，电动机可以保持低速行驶（也可支持高速行驶）。

34-35页上图图注：Panamera 4 E-Hybrid搭载了1台330马力双涡轮增压V6发动机（汽油）和一台最大转矩为400牛·米的电动机。该车综合平均油耗仅为2.5升/100千米。

34-35页下图图注：Mission-e是一款概念车，它昭示着保时捷未来电动轿跑车的发展方向。该车配备了2台永磁同步电动机，总功率可达600马力，续驶里程可达500千米。

本书照片版权所有者

1 Sean Gallup/Getty Images

3 Keystone/Getty Images

4 © The Granger Collection, New York/The Granger Collection/Archivi Alinari, Firenze

6 ullstein bild/ullstein bild/Getty Images

7 ullstein bild/ullstein bild/Getty Images

8-9 Courtesy of the AG Presse

9 Courtesy of the AG Presse

10-11 GP Library/UIG/Getty Images

12 Courtesy of the AG Presse

12-13 Pictorial Press Ltd/Alamy Stock Photo/IPA

14 Rainer W. Schlegelmilch/Getty Images

14-15 Rainer W. Schlegelmilch/Getty Images

16 ISC Images & Archives/Getty Images

17 Rainer W. Schlegelmilch/Getty Images

18 Movie Poster Image Art/Getty Images

19 Cinema Center Films/National General Pictures/Sunset Boulevard/Corbis/Getty Images

20-21 Rainer W. Schlegelmilch/Getty Images

22 Pascal Rondeau/Getty Images

23 Mike Powell/Getty Images

24 top Courtesy of the AG Presse

24 bottom JEAN-SEBASTIEN EVRARD/AFP/Getty Images

24-25 Courtesy of the AG Presse

26 Courtesy of the AG Presse

26-27 Courtesy of the AG Presse

28-29 Courtesy of the AG Presse

29 INTERFOTO/Friedrich

30 top Courtesy of the AG Presse

30 bottom Courtesy of the AG Presse

31 National Motor Museum/Heritage Images/Getty Images

32 JOHN MACDOUGALL/AFP/Getty Images

32-33 Courtesy of the AG Presse

34 Courtesy of the AG Presse

34-35 Courtesy of the AG Presse

34-35 Courtesy of the AG Presse